In seinen Videoschnipselvorträgen hält Jürgen Kuttner die Flut der medialen Bilder an, die für uns längst zum Alltag gehören: Was sagt es uns, wenn Joschka Fischer einen Klassik-Handyklingelton hat, der im falschen Moment ertönt? Oder wenn Joseph Beuys für die Abrüstung singt? Von sozialistischen Filmen zu Sexualaufklärung und Taschengeld-Erziehung für Eltern, über frauenfeindliche Feuerlöschtests bis zu den Jacob Sisters in Teheran: Die bizarrsten Zeugnisse deutscher Fernsehgeschichte seziert Kuttner intelligent und höchst unterhaltsam mit dem scharfen kulturkritischen Messer und unerbittlichem Blick für das Detail. Er entlarvt Machtverhältnisse, entdeckt absurdeste Zusammenhänge und wappnet uns mit einem neuen kritischen Verständnis für die Bilderflut, der wir nicht mehr entgehen können.

Jürgen Kuttner, geb. 1958, ist Kulturwissenschaftler, Doktor der Philosophie und war Mitbegründer der Osttaz. Mit der legendären Sendung «Sprechfunk» bei Radio Fritz setzte er Maßstäbe in der deutschen Radiolandschaft. Seine «Videoschnipselvorträge» begeistern das Publikum von Hamburg bis München. Bis April 2008 moderierte er zusammen mit seiner Tochter, der Moderatorin Sarah Kuttner, die Radio-Eins-Show «Kuttner und Kuttner».

André Meier, geb. 1960, Kunsthistoriker, arbeitet als Dokumentarfilmregisseur, Autor und Teilzeitlandwirt. Seit 1996 konzipiert er gemeinsam mit Jürgen Kuttner die «Videoschnipselvorträge» an der Berliner Volksbühne.

JÜRGEN KUTTNER
ANDRÉ MEIER

DIE GEBURT DES RADIKALEN ISLAMISMUS AUS DEM HÜFTSPECK DES DEUTSCHEN SCHLAGERS

und andere west-östliche
Denkwürdigkeiten

ROWOHLT
TASCHENBUCH
VERLAG

Originalausgabe
Veröffentlicht im Rowohlt Taschenbuch Verlag,
Reinbek bei Hamburg, September 2009
Copyright © 2009 by Rowohlt Verlag GmbH,
Reinbek bei Hamburg
Lektorat Marie Harder
Umschlaggestaltung ZERO Werbeagentur, München
(Autorenbild: © Thomas Aurin)
Satz aus der Rotis PostScript, InDesign,
bei KCS GmbH, Buchholz bei Hamburg
Druck und Bindung CPI – Clausen & Bosse, Leck
Printed in Germany
ISBN 978 3 499 62511 4

Kucke hier, kacke da!
– *Dieter Roth*

INHALT

VORWORT

<<die Geburt

des radikalen Islamismus aus dem Hüftspeck des deutschen Schlagers»: Wer nach einem Buch mit solch einem Titel greift, muss ein politisch aufgeweckter, kann nur ein musisch interessierter Zeitgenosse sein. Willkommen im Club!

Und damit zur Schrift selbst, die sich keine geringere Aufgabe gestellt hat als die umfassende Aufarbeitung der Welt-, Kultur-, Mentalitäts- und nicht zuletzt Mediengeschichte von der Jungsteinzeit bis zur späten Merkel-Ära. Holla, könnten Sie nun sagen und hätten damit nicht ganz unrecht. Denn dafür ist dieses Buch eindeutig zu dünn und zu billig. Nichtsdestotrotz: Sie halten hier den Versuch in den Händen, die Deutungshoheit über die Historie und ihre Bilder von den Kathedern der Universitäten, den Redaktionsstuben selbsternannter Meinungsmacher und nicht zuletzt den T-Shirt-Produzenten zurückzuerobern.

«Heut' mach ich mir kein Abendbrot – heut' mach ich mir Gedanken», sagte vor dreißig Jahren der klarsichtige Kabarettist und Kiffer Wolfgang Neuss und war fortan nur noch selten in den deutschen Wohnzimmern zu sehen. Damit sind wir beim eigentlichen Problem: Wer Aufschluss erlangen will über die Welt, in der wir leben, kommt nicht umhin fernzusehen. In einer Zeit, in der Universitäten nur noch dazu dienen, Millionen junger Menschen für ihr reibungsloses Funktionieren im Wirtschaftskreislauf oder ihr geduldiges Ausharren in den Schlangen vor den Jobcentern zuzurichten, ist das Fernsehen zum letzten Ort der kritischen Reflexion geworden – vorausgesetzt, man hat gelernt, fernzusehen.

So will dieses Buch eine Propädeutik, eine Handreichung, eine Sehhilfe sein, die es Ihnen ermöglichen soll, dem vermeintlich hirnlosen Treiben auf dem flachen Bildschirm eine tiefere geistige Dimension abzuringen. Verweisen wir nur auf das ikonographische Potential des Fernsehens: 25 Bilder flimmern pro Sekunde am Auge des Zuschauers vorbei. Der durchschnittliche deutsche Zuschauer mit einem täglichen TV-Konsum von 208 Minuten schaut sich also 312 000 Bilder pro Tag an – in etwa so viele, wie im Louvre auf 60 000 qm ausgestellt sind! Wo dort aber Kunsthistoriker und Museumspädagogen bemüht sind, jedes einzelne dieser Werke dem Betrachter näherzubringen, wird der Mensch vor dem Fernsehgerät völlig alleingelassen. Wohl gerade weil die Verantwortlichen genau wissen, dass mit der gründlichen Analyse ihres Werks das beginnen kann, was Kant den Ausgang des Menschen aus seiner selbstverschuldeten Unmündigkeit nannte.

Die Geschichte wohnt im Einzelbild – Fernsehen dagegen bedeutet, eine vierstündige Wagner-Oper im schnellen Vorlauf in drei Minuten hören zu können. Die Wirklichkeit verschwindet im Rausch der Bilder. Was übrig bleibt, sind Günther Jauch und Johannes B. Kerner oder, schlimmer noch, Guido Knopp.

Hier wird dagegen nun der Versuch unternommen, dem einzelnen Fernsehbild seine Würde, seine Bedeutung, seine reflexive Kraft zurückzugeben. Und Sie werden sehen, zweieinhalb Minuten Jacob Sisters in Teheran verraten mehr über die Hintergründe von 9/11 als der entsprechende amerikanische Kongressbericht oder die gesammelten Foltergeständnisse aus Guantánamo. Und der Schwanengesang eines volkseigenen Silvesterknaller-Produzenten erzählt mehr über die wechselvolle deutsche Geschichte – von Rosa Luxemburg über den gescheiterten Hitler-Attentäter Georg Elser bis zum von der RAF niedergestreckten Treuhand-Chef Detlev Rohwedder – als alle zeitgeschichtlichen Dokumentationen des Jubiläumsjahres 2009 zusammen.

Dank an:
Deutsches Rundfunkarchiv
Volksbühne am Rosa-Luxemburg-Platz
Sabine Zielke
Helga Angarano

TALIBAN
IM TELETEST oder
DIE FRAU
IM RÜCKSPIEGEL
MÄNNLICHER OHNMACHT
GESEHEN
seriös

über Frauen zu dozieren fällt Männern naturgemäß schwer, zumindest wenn sie keine Friseur-, Fahrschullehrer- oder Gynäkologenausbildung haben. Trotzdem soll hier der Versuch gewagt werden – schließlich sind sie es, die Frauen, die den Mantel auswählen, mit dem die Geschichte wedelt. Große Männer werden ja in den Annalen immer über die Zahl der Toten definiert, die sie verschuldet haben: 5 Millionen oder 20 Millionen; – Frauen dagegen über die Zahl der Schuhpaare in ihrem Schrank. Nehmen wir nur einmal Imelda Marcos: 1000 Paar besaß sie angeblich. Manche behaupten sogar, 4000, aber auch wenn es nur 500 gewesen sind – im kollektiven Gedächtnis hat Frau Marcos einen Stammplatz. Ihr Mann dagegen, der einst gefürchtete philippinische Diktator

Ferdinand Marcos, ist heute so gut wie vergessen, und das, obwohl man ihn im Norden des Landes bis heute in einem Glassarg bewundern kann. Aber – und das lehrt uns schon der Fall Lenin – selbst die größte Sepulkralleistung verpufft vor der manipulativen Kraft der Medien: Einmal mit der Kamera übers Schuhregal geschwenkt, und schon sind 10000 hingemordete Filipinos vergessen! Womit wir wieder beim Fernsehen wären und dem Frauenbild, das es uns vermittelt. Das Fernsehen ist heute ja ein individuelles Phänomen; man sitzt abends allein zu Hause, schaltet ein bisschen rum und schaut, ob man was Interessantes findet. Man mag dabei denken, man handle extrem individuell.

Öffentlich-unrechtliches Fernsehen 1935

So einfach ist es aber nicht: Ursprünglich war das Fernsehen – also nicht die Institution, sondern die Tätigkeit – nämlich ein kollektiver Akt. Am 29.3.1935 geht das deutsche Fernsehen zum ersten Mal auf Sendung. Die Nazis kapieren sofort, dass das neue Medium ein wunderbares Propagandamittel ist, und setzen es gezielt zur Berichterstattung über die Olympischen Spiele ein. Heute nennt man so etwas «Public Viewing» und hat nicht den blassesten Schimmer, in welcher Tradition man damit steht. Man nehme nur eine x-beliebige deutsche Fanmeile, tausche die schwarz-rot-gelben gegen lustige Hakenkreuzfähnchen aus, und schon ist man nah an der Wirklichkeit des Jahres 1936. Ob zu Olympia oder in den damals in den Städten eingerichteten Fernsehstuben, hier wie da glotzte ein Haufen Nazis mit aufgerissenen Mündern – und geboren war die deutsche Fernsehkultur. Erst später, in der Nachkriegszeit, wurde aus diesem kollektiven ein individuelles Erlebnis. Ob das allerdings ein Akt der Entnazifizierung war oder schon eine strategische Maßnahme, um der kommunistischen Gefahr zu trotzen, sei dahingestellt. Auf jeden Fall wollte man keine Massen mehr, die sich unkontrolliert vor den Bildschirmen versammeln. Jeder Deutsche sollte seinen eigenen Fernseher haben – am besten gleich noch einen zweiten in der Küche – und vor allem: zu Hause bleiben.

HINTER DEN WEIBLICHEN LINIEN

Womit wir nach einem kurzen medienhistorischen Exkurs wieder beim eigentlichen Thema wären – der Frau. Küche ist da diesbezüglich natürlich ein höchst problematisches Stichwort. Aber wenn wir ehrlich sind, stellt für Männer alles, was irgendwie anders ist – ob schwarz, behindert oder weiblich –, eine Bedrohung dar und muss deshalb entweder in der Beschreibung domestiziert werden, oder es muss in einem klar abgegrenzten Reservat bleiben: Schwarze im Benetton-Katalog, Tote auf dem Friedhof und Frauen eben in der Küche. Jedenfalls im Westen, wo man die Frau erst als Produktivkraft entdeckte, als auch schon der letzte neapolitanische Pizzabäcker an einem deutschen Hochofen stand. Im Osten dagegen herrschte ja von Anbeginn an ein Mangel an Arbeitskräften: Erst machten die aus Sibirien heimkehrenden Kriegsgefangenen einen großen Bogen um die Sowjetische Besatzungszone, und schließlich blieben auch noch die Italiener aus. Kurzum, der Osten kam ohne die Frauen nicht aus und konnte ihre Arbeitskraft nicht in den Küchen gesamtgesellschaftlich nutzlos verpuffen lassen. Doch natürlich konnte man die Frau auch nicht schutzlos in den Produktionsprozess werfen, sie nicht ohne vorherige Schulung in uralte Männerdomänen, an kochend heiße Hochöfen stoßen. Zu diesem Zweck wurden staatliche Aufklärer abgestellt, die schon frühzeitig damit begannen, weibliche Wesen für den Schritt in den ungeschützten küchenfernen Alltag zu schulen. Einen dieser «Aufklärer» hat das DDR-Fernsehen 1972 bei seiner Arbeit vor frisch adulten Schülerinnen beobachtet. Diese Aufnahme lässt sich nicht fix und gradlinig analysieren, denn hier verschwimmen die Deutungsebenen. Aufklärung ist ja selbst schon ein Wort, das für vielerlei stehen kann, geradezu überkodiert ist: Einerseits meint es die philosophische Aufklärung, den «Ausgang des Menschen aus der selbstverschuldeten Unmündigkeit». So jedenfalls hat es Kant in der «Berlinischen Monatszeitschrift» schon 1784 formuliert. Alexander Kluge nimmt das hier schlummernde Potential zum Wortspiel auf und macht daraus: «Frei ist der Mensch, wenn er Ausgang hat.» Eine Aussage, die ich bei der Armee ganz gut nachvollziehen konnte; Kant in den NVA-Alltag übersetzt. Das Maß der Freiheit richtete sich dann folgerichtig nach der Anzahl der Striche, die man auf seinem Bierdeckel hatte.

Die zweite Wortbedeutung wäre dann die militärische Aufklärung – auch hochaktuell – und die dritte, die wohl geläufigste, die sexuelle Aufklärung. In dem nun näher zu betrachtenden Stück DDR-Fernsehgeschichte sehen wir, wie sich innerhalb weniger Minuten an einem Ort alle drei Aufklärungsebenen zum Wohle der Frau vereinigen. Während Kant ungenannt über der ganzen Szenerie schwebt, gehen in der Rede des staatlich bestellten Aufklärers sexuelle und militärische Aufklärung Hand in Hand.

Dass die Gesellschaft dort anfängt, wo sich Mann und Frau

zum ersten Mal begegnen, ist mehr als eine Binsenweisheit. An diesem Berührungspunkt entsteht Gesellschaft. Und der Charakter einer Gesellschaft zeigt sich darin, wie sie auf dieses Elementarverhältnis zurückwirkt. Insofern ist der hier zur Diskussion stehende Fernsehmitschnitt auch ein Spiegel der ostdeutschen Verhältnisse des Jahres 1972.

Die Situation ist schnell beschrieben: Die Kamera blickt in ein Klassenzimmer. Unten die fünfzehn- bis sechzehnjährigen, mehr oder minder interessierten Schülerinnen, vorne der Aufklärer. Eine imposante, reife Erscheinung mit Krawatte, Anzug und nach hinten gefettetem Haar. Dieser Mann

Gespannte Ruhe vor der Aufklärungsoffensive

sieht zwar nicht so aus, ist aber nach heutiger Definition ein lupenreiner Feminist. Denn sein einziges Ziel ist es, junge Frauen über Sinnen und Trachten der Spezies Mann aufzuklären. Eigentlich geht es dabei ausschließlich um den geschlechtlichen Bereich, aber dessen ungeachtet bedient sich dieser Aufklärer fast durchgängig eindeutig militärisch konnotierter Vokabeln.

Ein alter Sack sitzt also vor einer Galerie junger Frauen und verrät ihnen die Strategien seiner Geschlechtsgenossen. In anderen historischen Zusammenhängen hätte man ihn vermutlich als Diversanten an die Wand gestellt. Aber wir sind ja in der DDR, und die hatte zwar jede Menge Feinde, aber Frauen gehörten nicht an sich und per se dazu. Da sitzt nun also dieser Herr, der als Dr. Fritz Irro untertitelt wird, und fängt zu reden an:

Ich habe immer wieder in solchen Vorträgen die Taktiken der Männer erzählt, die sie immer, von Anfang an schon, wahrscheinlich schon, als sie noch das wollhaarige Nashorn und das Mammut jagten in Deutschland, schon angewendet haben, um ein Mädchen rumzukriegen.

Das Beliebteste, und vielleicht auch Harmloseste, ist das der Erpressung, dass sie sagen: «Wenn du mich nicht näherkommen lässt und wenn du immer so abweisend bist, dann gehe ich nicht mehr mit dir.»

Das Nächstprimitive ist dann, dass er sagt: «Du sagst immer, du liebst mich, und wo bleibt deine Liebe? Du musst es mir doch beweisen. Der Beweis ist nur so zu erbringen. Wenn du mich liebtest, dann würdest du dich da überwinden können und würdest dann eben anders sein zu mir.»

Sehr beliebt ist auch der Versuch, Mitleid zu erregen. Männer sind da ja sehr wehleidig, und Männer beginnen dann, den Mädchen vorzuklagen, wie furchtbar es ihnen ginge, weil sie so spröde ist: Er schläft schon fast gar nicht mehr, ihm schmeckt nichts mehr, er geht nirgends mehr hin, manchmal weint er sogar vor lauter Sehnsucht. Also versucht er es auf diesem Weg. Und dann gibt es einen, der auch, glaube ich, ziemlich häufig ist, das ist der: «Ach, weißt du, wir kennen uns jetzt schon eine ganze Weile, und es steht doch fest, dass wir heiraten. Wenn wir aber doch sowieso heiraten, warum sollten wir nicht jetzt schon miteinander, einander näherkommen?»

Unten sitzen währenddessen die Mädels ziemlich desinteressiert rum. Obwohl es vorne ja um eine Sache geht, die für sie eigentlich existentiell sein sollte. Aber das eigentlich Bizarre ist der Aufklärer, der wie ein gerissener Neufundländer vor dem Schappi-Napf sitzt und den leckeren Fleischbrocken erklärt, wie sie sich vor den gefräßigen jungen Hunden schützen können. Vielleicht trifft man die Situation noch besser, wenn man sich jenen Grimm'schen Wolf vorstellt, der als Geiß getarnt an die Tür der alleingelassenen Zicklein klopft: Also der Mann hat pfundweise Kreide gefressen, aber seinen Hormonhaushalt trotzdem nicht ganz im Griff; ihm wird der Mund trocken, und er muss sich hin und wieder die Lippen

Ein blütenreiner Feminist

lecken, während er seinem Aufklärungswerk frönt. Man sieht aber auch, dass er bei dem Versuch, größtmögliche Nähe herzustellen, um den Jungfrauen ihre Situation zu erklären, die Hierarchie nie aus den Augen verliert. Er ist derjenige, der vorne sitzt, er ist der mit allen Wassern gewaschene Mann, der Auskenner. Dessen ist er sich natürlich bewusst, und das verleiht seinem Antlitz auch so einen seligen Gourmetausdruck, während die blühende, ahnungslose Unschuld an seinen Lippen hängt oder hängen sollte. Sein Versuch, gleichberechtigte Verhältnisse herzustellen, scheitert. Wenn man nicht im Fernsehen der DDR wäre, könnte man vielleicht darauf hoffen, dass er seine Kreide auskotzt und sich mit fletschenden Zähnen ins Auditorium stürzt. So aber behält er die Contenance und doziert weiter: *Sie können, meine Damen, die besten Vorsätze haben. Es gibt aber Situationen, wo Sie verloren sind, wenn Sie es überhaupt so weit kommen lassen. Das ist das Berühren strategischer Punkte, ich will es so nennen. Die liegen bei der Frau im Intimbereich, an ihrem Körper, wo ihre Widerstandskraft dahinschmilzt. Und es ist ein ungeschriebenes Gesetz, das sagt – für den Mann –, wer A sagt, sagt auch B. Und lässt man sich an dieser Stelle berühren, und ich meine nicht die Brust, dann sind Sie erregt, denn die zärtliche Bemühung dort erregt Sie. Und sind Sie einmal erregt, dann ist Ihre Widerstandskraft dahin.*

Man könnte in diesem Monolog fast die Geschichte des frühen 20. Jahrhunderts beschrieben sehen: Man könnte sagen, dies sei Trotzki, und vor ihm sitzt die noch wehr- und ahnungslose junge Sowjetunion. Er fordert sie nun auf, eine Rote Armee aufzubauen, um sich gegen Angriffe von außen verteidigen zu können, und schildert die möglichen Strategien und Taktiken, die seitens des Gegners im Angriffsfall zu erwarten sind.

«Hände weg von der Sowjetunion!», rief die kommunistische Frauenrechtlerin Clara Zetkin auf einer Diskussionsrede auf dem Fünften Erweiterten Plenum des Exekutivkomitees der Kommunistischen Internationale am 25.3.1925 aus – freilich ohne die hier vorgetragene einleuchtende Begründung: «Denn ist sie erst einmal erregt, dann ist ihre Widerstandskraft dahin!»

Man fragt sich natürlich schon, welche Folgen dieser verräterische Vortrag von Dr. Irro für die männlichen Klassenkameraden der hier Aufgeklärten gehabt hat. Nicht genug, dass die DDR-Frauen am Hochofen standen, an Mopeds rumschraubten und die Kugel doppelt so weit stießen wie ihre Landsmänner – nein, jetzt saßen sie auch noch, triumphierend «Sowjetunion – njet, mein Sohn!» trompetend, im Bett und zogen zittrige, schwitzende Knabenhände unbarmherzig aus ihren Schlüpfern vom volkseigenen Damenuntertrikotagenwerk mit Namen – richtig! – «Clara Zetkin».

Ich bin immer wieder erstaunt, dass man sich über das Frauenbild der Taliban so wundert. Der wesentliche Unterschied zu dem unsrigen ist doch kaum mehr als ein technologischer: Was dem Taliban die Burka, ist der deutschen

Öffentlichkeit Photoshop mit seinem Rote-Augen-Werkzeug, dem Sofortreparatur-Pinsel und der Möglichkeit, Frauen bis in eine Farbtiefe von 48 Bit nachzubearbeiten. Insofern würde ich für programmatische Bildbearbeitungsbomber für Afghanistan plädieren; Photoshop-Kurse in pakistanischen Ausbildungscamps!

Und um Max Horkheimer zu variieren: Wer von den Taliban redet, darf von Mario Barth nicht schweigen. Unbeachtet von der Öffentlichkeit gelang es dem, mitten in der deutschen Hauptstadt, im Olympiastadion, 70 000 geistige Selbstmord-attentäter zu versammeln! Kein Bundesinnenministerium schreitet ein, kein Krisenstab beim Kanzleramt interveniert, kein Irren-Experte, kein Scholl-Latour wird um Rat gefragt. Selbst Hendryk M. Broder, Maxim Biller und Durs Grünbein schweigen!

MANÖVER ‹MUTTI›

In der Zeit vor der Erfindung des Computers griff man frei-lich auch in unserer Welt zu anderen Mitteln. Subtiler als Burka-Pflicht, aber nicht viel subtiler. Das westdeutsche Fernsehen hat es darin zu einer gewissen Meisterschaft ge-bracht, Frauen entweder inszenatorisch ins Harmlose zu dre-hen oder in Situationen zu versetzen, in denen das von ihnen ausgehende Gefahrenpotential neutralisiert wird. Nehmen wir nur einmal die beliebte Sendung «Teletest». Bei einer solchen Sendung fragt man sich zwar schon, welche Rolle Frauen in ihr überhaupt spielen sollen, erst recht, wenn es, wie in diesem Fall, um Männer, Autos und Autofeuerlöscher geht; um ein tripolares Themenspektrum also, das für weibliche Kompetenz wohl eher eine Art Bermudadreieck darstellt. Mag dies auch ein Dreieck mit großer Fläche sein, es ist doch so hermetisch, dass Frauen eigentlich gar nicht hineinpassen.

Trotzdem treten in dieser Testsendung über die Funktionsfähigkeit von Autofeuerlöschern aus zunächst unerfindlichen Gründen Frauen auf. Dabei bräuchte man für eine solche Sendung doch eigentlich nur ein brennendes Auto, einen Autofeuerlöscher und einen Fahrer. Man fragt sich

In der Waffenkammer des Machismo

also, warum Frauen? Zur Illustration natürlich! Gehört es doch zu den Grundhaltungen des Mannes, Autofeuerlöscher als untauglich abzulehnen. Mithin würde sich jeder Mann, der einen Autofeuerlöscher in die Hand nimmt, lächerlich machen. Von daher verfolgt die Sendung den cleveren gesellschaftsgestalterischen Ansatz, den Frauen die Drecksarbeit zu überlassen. Gleichzeitig sehen wir hier, Ende der sechziger, Anfang der siebziger Jahre, den zaghaften Versuch, die Frau in den öffentlichen Raum zu schieben: raus aus der Küche, rauf auf die Straße. Die bundesdeutsche Wirtschaft boomt, die Italiener und Türken werden knapp, die Frau wird als Produktivkraft gebraucht. Aber natürlich fangen sie nicht in der Chefetage an, sondern ganz unten – Frauen als Aushilfsgastarbeiter! Autofeuerlöschertesten ist, vom männlichen Standpunkt betrachtet, Müllabfuhr. Daraus macht die «Teletest»-Sendung auch gar kein Geheimnis. Im Grunde geht es auch gar nicht um Feuerlöscher, sondern darum, die Frau als kompetente Arbeitskraft auf das possierlichste zu diskreditieren. Die Sendung gibt zwar vor, Autofeuerlöscher zu testen, aber wie man schnell erkennt, werden eigentlich Frauen getestet.

Genau genommen wird getestet, ob es überhaupt Sinn macht, Frauen als Beifahrerinnen im Auto mitzunehmen. Und das schlussendliche Resümee der Sendung lässt sich auf Frauen und Feuerlöscher gleichermaßen anwenden: Im Grunde kann man beides weglassen, dann spart man Benzin. Eine relativ nüchterne ökonomische Rechnung: Die Frau wiegt ungefähr 60 Kilogramm, ein Autofeuerlöscher auch nochmal 5 Kilogramm, das erhöht den Verbrauch auf 100 Kilometern um 0,3 Liter – wenn man viel fährt, rechnet sich das.

Bis es aber so weit ist, lässt man keine Situation aus, um die Frau als allerhöchstens leichtlohngruppentauglich zu stigmatisieren. So zunächst in einer Umfrage, bei der geschätzt werden soll, wie lange so ein kleiner Feuerlöscher hält. Zuerst die Frauen, die erwartungsgemäß völlig unrealistische Zeiten angeben; zusammen kommen sie auf eine durchschnittliche Dauer von 2 Stunden und 45 Minuten! Ein kleiner Feuerlöscher soll also aus weiblicher Sicht 2 Stunden und 45 Minuten lang Schaum ausspucken. Durch dieses Intro geben die Frauen sich also als solche zu erkennen, disqualifizieren sich schon einmal selbst und müssen im weiteren Verlauf nicht mehr ernst genommen werden. Die befragten Männer liegen in ihren Schätzungen auch etwas auseinander, sind aber doch viel realistischer und landen bei durchschnittlichen 14 Minuten. Was immer noch viel zu hoch gegriffen ist, aber viel näher an der wirklichen Leistungsfähigkeit eines Autofeuerlöschers liegt und als akzeptabler Ausdruck von männlichem Technologie-Optimismus angesehen werden darf. Danach wird so ein Feuerlöscher von Männern vorgeführt, vor allem wohl, weil das mehr nach einer kriegerischen Handlung als nach einem simplen Feuerlöschertest aussieht. Die Reichweite besagter Löscher soll überprüft werden. Zwei

Gelernt ist gelernt!

Männer – uniformiert, in blauen Kitteln –, denen offenbar noch die Flakhelfererfahrung im Körper eingeschrieben ist, begeben sich in Pose: Sie gehen in die Knie und drücken den Feuerlöscher, woraufhin ein irrer Qualm entsteht. Man leidet mit den tapferen Männern, die dieses Bombardement aushalten müssen und in Erfüllung ihrer Pflicht fast zugrunde gehen. Die Kamera verharrt verliebt auf den Männern. Dann der Schnitt, und wir kommen zum eigentlichen Punkt. Man ahnt es schon: Autofeuerlöscher taugen nichts. Sie haben ganz unterschiedliche Bedienungsmechanismen, mit denen auch Männer nicht zurechtkommen. Darüber herrscht zwar Konsens, aber hat man es als Mann nötig zu zeigen, dass man etwas nicht kann? Weil die Männer also keine Lust haben, sich vor laufender Kamera zu blamieren, überlassen sie den Frauen das Feld; mit etwas, das Mann gut kann, nämlich einer verschlagenen Argumentation: *Ein Gerät, das zur Rettung von Menschenleben beitragen soll, ist dann gut, wenn es auch der Ungewandteste bedienen kann. Aber nun sehen Sie sich das an.*

Der Ungewandteste ist natürlich eine Frau. Deshalb drückt Mann einer Person mit Rock einen Autofeuerlöscher in die Hand und fordert sie auf, ihn zu benutzen. Die schafft das natürlich nicht, was aber nicht an ihr liegt, sondern am Autofeuerlöscher. Das haben die Männer zwar schon vorher gewusst, es hindert sie aber nicht daran, es trotzdem noch einmal anklagend aus dem Off zu vermelden. Raffiniert verwirrt, weiß man als Zuschauer gar nicht mehr, wer denn jetzt nicht funktioniert, der Feuerlöscher oder die Frau? Im nächsten Test wird schon anhand der weiblichen Testpersonen klar, dass es sich hier nicht nur um einen harmlosen Autofeuerlöschertest handelt. Auch die Frauentypologie

Der Teletest-Vamp

ist bezeichnend: Wenn es Hunde gewesen wären, hätten sie einen Mops und einen Windhund genommen, also Verkörperungen zweier gegensätzlicher Pole. Hier haben wir nun auf der einen Seite die Vollmutti mit einer praktischen Kurzhaarfrisur, auf der anderen Seite eine ungefähr gleichaltrige «Femme fatale» – vielleicht nicht direkt eine «Femme fatale», aber ebendas, was so ein Autofeuerlöschertester dafür halten mag: Sie trägt ein Mini-Strickkleid, verruchte weiße Stiefel, zumindest kinnlange Haare, Perlenkette und Sonnenbrille – ein «Teletest»-Vamp. Aber beide, sowohl die Cabrio-Beifahrerin als auch die Familienkombivariante, sind – das stellt sich zur Erleichterung des Mannes, der ja die Zügel in der Hand behalten muss, schnell heraus – gerade im Verbund mit dem Feuerlöscher zu dämlich.

Beide Frauen bekommen nun die Feuerlöscher in die Hand gedrückt; ausgesprochen denunzierend inszeniert, denn Brandherd und Feuerlöscher sind zunächst einmal meterweit voneinander entfernt – die Frauen müssen also nicht nur löschen, sondern auch rennen. Und als ob das noch nicht genug der Schmach wäre, steht daneben noch ein Kerl mit Stoppuhr: Husch, husch, da brennt's, löscht mal! So stolpern

Die Zeit trägt ein männliches Gesicht

Scheitern mit Schulterklappen

die beiden gehorsam erst zum Feuerlöscher, dann zum qualmenden Auto, während hinter ihnen anklagend der mit der Uhr bewaffnete Krieger mitläuft. Irgendwann sind die Frauen schließlich völlig außer Atem und die Feuerlöscher alle, aber das Feuer lodert natürlich munter weiter. Dabei könnte man es ja eigentlich belassen, denn Frauen und Feuerlöscher sind ihrer Nutzlosigkeit überführt. Aber dann, während die zwei Damen völlig geknickt aus dem Bild schlurfen, setzt der Moderator noch einmal nach: *Wir dürfen es vorwegsagen, auch die vier Löscher, die wir nachher nennen werden, sind bei guter Handhabung nur für kleine Brandherde ausreichend. Für Kraftstoffbrände wie hier nicht. Selbst der Brandoberinspektor, den Sie nachher sehen werden, schafft es nicht ganz. Aber ist er immer da, wenn es Ihren Wagen erwischt hat?*

Das ist interessant: Erst lässt man die Frauen sich in aller Ausführlichkeit lächerlich machen, um dann zu sagen, ja, mit diesen Feuerlöschern würde es selbst einem Feuerwehrmann im Offiziersrang «nicht ganz» gelingen, den Brand zu löschen. Nun kann ein Feuer ja nur brennen oder nicht brennen, das ist ähnlich wie bei einer Schwangerschaft; entweder man ist schwanger, oder man ist es nicht. Dem Brandoberinspektor wird es nun aber **nicht** gelingen, das Feuer zu löschen, sondern es wird ihm nur «nicht ganz» gelingen. Also eigentlich könnte man auch sagen, er schafft es auch nicht. Der Kommentar schließt dann mit der absurden Frage: «Aber ist der denn immer dabei, wenn man ihn braucht?» Gesetzt den Fall, er wäre dabei, wenn man ihn bräuchte, gelänge es ihm ja auch nicht, das Feuer zu löschen! Insofern kann man ruhig mit seiner Beifahrerin vorliebnehmen und muss keinen Extraplatz im Auto für den Brandoberinspektor reservieren. Am Ende also – schließlich sind wir erst im Jahr 1970 – ein kleiner Kotau vor der heterosexuellen Partnerschaft, vor der Fortpflanzungspflicht von Mann und Frau, vor der Familie als kleinster Zelle der Gesellschaft.

HESSISCHE SCHNAPSKOPFBÄNDIGERINNEN

Wie sehr sich die Verhältnisse zwanzig Jahre später bereits umgekehrt haben, beweist eine Gartensendung des Hessischen Rundfunks aus den Neunzigern: Zwei Frauen allein auf dem Bildschirm, kein Mann nirgends, und trotzdem wird der Versuch unternommen, ein ernsthaftes, wissenschaftliches Thema zu diskutieren. Ein Triumph der feministischen Bewegung und doch ein Dokument des Jammers. Dabei hat der Gesprächsgegenstand durchaus ein hohes Unterhaltungspotential; denn im weitesten Sinne geht es hier um bewusstseinsverändernde Substanzen.

Nun haben Alkohol und Drogen ja auch immer eine Befrei-

ungsfunktion und helfen einem, sich aus einem gesellschaftlichen Kontext herauszubeamen. Selbstredend kommt es
dabei immer extrem auf die Art der Droge an. LSD, zum
Beispiel, ist natürlich nicht New-Economy-tauglich; denn
wenn man einen Trip nimmt, ist man einen ganzen Arbeits-
tag damit beschäftigt, behämmert zu sein – man ist effektiv
arbeitsuntauglich. Fußballtrainer, Medienfuzzis und «Künstler» bevorzugen deshalb die Daum-Droge Koks – in Zeiten
permanenter Terrorgefährdung nicht mehr ganz ungefährlich, ist doch die Verwechslungsgefahr mit dem Milzbrand-
erreger recht groß. Wie auch immer – Drogen ermöglichen
einem, sich von dem zu verabschieden, was von einem
erwartet wird. Oder sich aus diesem Muster herauszuspren-
gen. Was natürlich besonders die Gefahr birgt, dass das als
anstößig empfunden wird, besonders bei Frauen; zumindest
offenbar bei der Chefin des Palmengartens in Frankfurt am
Main und der sie interviewenden HR-Moderatorin, die wir

Alkaloidfreie Frauen

hier näher betrachten
wollen. Beide referieren
über eine Pflanze, die aus
Südamerika stammt, den
sogenannten Rausch-
kaktus. Rauschkaktus ist
noch der neutrale Name,
und um ganz sicherzu-
gehen, nennen sie auch
den lateinischen Namen,
Lophophora williamsii,
um dann beim Nennen
der volkstümlichen Bezeichnung – «Schnapskopf» heißt er –
in eine irritierte Unsicherheit zu verfallen, die sie mit Kichern
zu überdecken versuchen.
Der Schnapskopf also soll vorgestellt werden, und jetzt weiß

man gar nicht, was man zuerst beschreiben soll, die Frauen, denen alle Alkaloide entzogen worden sind, oder den armen Schnapskopf selbst. Zu allem Überfluss versuchen die beiden domestizierten Frauen in ihrer Beschreibung, den ohnehin schon domestizierten Kaktus noch einmal zu domestizieren. Eine kleine Pflanze steht auf dem Tisch, die aber in ihrer kulturellen Funktion offensichtlich ein so wahnsinniges Bedrohungspotential darstellt, dass man nicht wirklich aussprechen darf, was für eine Pflanze das ist. Die Damen erzählen deshalb, dass es bei den Eingeborenen, den Indianern, verbreitet war, Teile des von ihnen «Peyote» genannten Kaktus zu festlichen Anlässen zu sammeln. Palmengartendirektorin: *Dazu zog die Bevölkerung aus, sammelte die Köpfe, die Wurzel ließ man im Boden, damit sich für das nächste Jahr neue Sprossköpfe bilden konnten. Die Daheimgebliebenen lauschten den Zurückkommenden, und bei Tanz und Gesang wurden Stücke von den Köpfen genossen.* Das führte wahrscheinlich dazu, dass es ihnen gutging, sie high wurden – was man eben vom Drogenkonsum erwartet. Aber das erwähnen die beiden Frauen nicht. Stattdessen beschreiben sie das Fest als sadomasochistische Kollektivveranstaltung: *Die Einnahme bewirkt Übelkeit, Kopfweh und Sehstörungen, weil in diesen Kakteenköpfen Alkaloide enthalten sind.*

Sie trauen sich noch nicht einmal, zu den Indianern «Indianer» zu sagen – oder sollte man «Eingeborene» sagen? – oder «Einheimische»? Dann doch lieber «Bevölkerung» – die gibt es überall. So wird nur zwei Sätze später diese «Bevölkerungs»kultur als infantil und dämlich beschrieben. Dass die dabei wohl Spaß hatten und sexuellen Ausschweifungen frönten, wird ganz verschwiegen. Wie, soll man sich wohl fragen, ist es um eine Kultur bestellt, in der ganze Dörfer losgehen, Kakteen sammeln und diese dann essen, nur um

Kopfschmerzen, Sehstörungen und Übelkeit zu bekommen?
Man merkt, etwas an dieser Beschreibung kann nicht ganz
stimmen. Wenn man sich die beiden Frauen in ihrem Jammer ansieht, wird schnell klar: Die Autofeuerlöschertester
sind zwar abgezogen, aber was haben sie hinterlassen?
Verbrannte weibliche Erde. Zwei Frauen, im Gefängnis ihrer
selbst, die so zugeschnürt sind, sich so unter Kontrolle haben
und selbst ihre elementarsten Regungen als so feindlich
und südamerikanisch begreifen, dass diese in bester eigen-
kolonialer Manier unterdrückt und bekämpft werden müssen. Dabei gehen sie so diszipliniert vor, dass man meint,
man hätte es mit Fremdenlegionärinnen zu tun. Vermutlich
könnte man ihnen eine Zigarette im Gesicht ausdrücken,
und sie würden sich nichts anmerken lassen, keine Regung
zeigen, vielleicht sogar noch dazu lächeln. Das Tragische ist,
sie sprechen über etwas, was eigentlich auch ein Moment
ihrer Befreiung sein könnte. Man würde ihnen ja wünschen,
dass sie sich mal so richtig gehenlassen könnten; die Tische
umstoßen, die Grünpflanzen rausreißen, und wenn ihnen
ein Mann in die Quere kommt, den zusammenschlagen, bis
er blutend am Boden liegt, oder sich anderweitig an ihm
vergehen. Das würde man denen wirklich wünschen. Aber
obwohl sie der Waffe ansichtig sind, die ein Moment genau
dieser Selbstbefreiung sein könnte – die Kalaschnikow liegt
quasi auf dem Tisch –, lassen sie sich die Chance entgehen
– verwandeln mit ihrem Geplapper die schussbereite MP in
ein buntes Spielzeuggewehr: *Damit Sie, liebe Zuschauer,*
keinen falschen Eindruck von uns bekommen, wir wollen uns
an diesem Kaktus nicht berauschen. Er wird schließlich zur
Zierde gezüchtet. Berauschen wollen wir uns allein an den
wunderschönen Formen und Blüten der Kakteen.
Was gäbe man darum, hier einen falschen Eindruck zu bekommen!

DIE GUSENBURGER-BERGER-BANDE

Nach dem Jammer nun zum Grauen, und das trägt fairerweise im folgenden Fall neben einem weiblichen auch ein männliches Gesicht. Noch einmal soll es dabei um das Geschlechterverhältnis gehen. Wenn man allein die Namen der beiden Helden dieses Stücks hört, denkt man schon, das kann ja nur grauenhaft sein; sie lauten: Cindy & Bert. Wer jetzt noch keine Gänsehaut auf seinem Arm sieht, dürfte in der Geschichte der deutschen Unterhaltungskunst nur dürftig bewandert sein. Cindy & Bert sind nämlich ein bis heute aktives Gesangsduo, das aber schon bei seiner Hochzeit in den frühen siebziger Jahren alt aussah. «Cindy & Bert»-Lieder handeln in der Regel von Sonne, Palmen und Oberweite, also den klassischen Schlagerthemen. Im vorliegenden Fall allerdings covern sie seltsamerweise einen britischen Song. Hier ist wieder ein kleiner Exkurs in die Geschichte vonnöten: In England und Amerika wird die Popmusik erfunden, die total dufte ist und auch ökonomisch ein Erfolg zu werden verspricht. Das Dumme ist nur, in Deutschland spricht man kein Englisch. Wie soll und kann nun der musikalisch-industrielle Komplex, wie können die Medien, das Fernsehen nun an dieser grandiosen Erfolgsgeschichte teilhaben? Man kann den Menschen draußen im Lande ja unmöglich ausländische Musik vorsetzen oder zumuten; da verstehen die nichts, werden misstrauisch und unwillig, und überhaupt: Auch deutsche Lieder sind schön! Das war in den sechziger und siebziger Jahren die vorherrschende Meinung, und so wurden dann eben internationale Hits von bewährten deutschen Schlagersängern noch einmal nachgesungen. In einem ersten Schritt allerdings zwang man englischsprachige Interpreten, ihre Songs gefälligst auf Deutsch vorzutragen, und so ließ dann der Erfinder des Twists, Chubby

Checker, «auf de schwäbsche Eisebahne», «den Zug durchs Dunkle schunkeln», und der «Man in Black», Johnny Cash, stellte sich, beziehungsweise seinen deutschen Zuhörern, die eine gewisse Verzweiflung nicht verbergende Frage: «Wo ist zu Hause, Mama?» So weit, so schlecht, immerhin sang da noch Johnny Cash, wenngleich das, was er sang, nicht unbedingt das war, was man sich unter einem Johnny-Cash-Song vorzustellen bereit war. Ein gewagter, ein großer Schritt vom Twist zur schwäbischen Eisenbahn, von San Quentin zu Mamas Zuhause. Eine Politik der kleinen Schritte musste allerdings auch versagen bei einer Band wie «Black Sabbath», die das Unglück hatte, mit einem Hit wie «Paranoid» ins Deutsche katapultiert zu werden. Gänzlich unvorstellbar schien, dass «Black Sabbath» ihren Song selbst präsentieren: «Wahnhaft, wahnhaft», gesungen von einer Heavy-Metal-Band, die «Schwarzer Sabbath» heißt, das wäre doch zu viel des Unguten, das wäre definitiv nicht samstagabendunterhaltungskompatibel gewesen! Schwere, dräuende Gitarren, böse dreinblickende langhaarige junge Männer: Wie soll man das ins Bild setzen? Unheilvolles Glockenläuten wäre zu vernehmen, kalter Regen peitschte von links oben nach rechts unten; die Kamera führe langsam in Kniehöhe über einen im Nebel liegenden Friedhof: Grabplatten öffneten sich knirschend, halbverweste Zombies erhöben sich und schritten drohend auf die Kamera zu – Rudi Carrell und Heinz Schenk und Dieter Thomas Heck wären vor Schreck in Ohnmacht gefallen. Das musste also jemand anders machen, und vor allem musste er es anders machen. Naheliegend wäre jetzt, an Thomas Anders zu denken, aber nein – in den Think-Tanks der deutschen Fernsehunterhaltung entscheidet man sich für – Cindy & Bert!

Und hier haben wir es erneut mit einer Domestizierung zu tun; so wie aus der Frau eine Palmengärtnerin oder eine

Autofeuerlöschertesterin gemacht wurde, wie der Schnapskopf seiner Alkaloide beraubt wird, so wird jetzt «Paranoid» von «Black Sabbath» in «Kultur gezogen».

Schwarze Messe mit Bausparvertrag

Aus einem Heavy-Metal-Song wird ein Schlager, aus «Black Sabbath» werden Cindy & Bert, aus «Paranoid» wird «Der Hund von Baskerville». Zu bewundern ist freilich, dass mit diesem Text der ursprüngliche Horror doch seinen Weg ins deutsche Empfinden findet. «Der Hund von Baskerville»: Ein Vorsicht-bissiger-Hund des Nachbarn, der kläffend droht, einem an die Kehle zu springen. Das ist deutsche, realistische, alltägliche und zu bewältigende Horrorerfahrung für schwäbische Doppelhaushälftenbewohner. Frei nach Arthur Conan Doyle.

Und auch die Bildfindungsverantwortlichen bemühen sich, den Schrecken gebührend zu inszenieren; Cindy & Bert stehen da und singen, beide sehen im Rahmen ihrer Möglichkeit gut aus. Eine Frage allerdings stellt sich vor aller weiteren Betrachtung: Warum haben die beiden dasselbe an? Der Stoff, aus dem Cindys Kleid ist, ist zugleich der Hemdstoff von Bert und außerdem noch der Stoff eines dünnen Gebindes, das Bert um den Hals trägt. Ein eindeutiger Verweis auf eine längst vergangene Zeit: Wenn heute eine Frau sagt, du, Männe, ich muss mir was Neues zum Anziehen kaufen, dann gibt er der Mutti 20 Euro und sagt, geh in den Textildiscount und kauf dir was Schönes. Früher war es noch so, dass sie 10 Mark bekommen hat, um sich Stoff und einen

Schnittmusterbogen davon zu kaufen. Nachdem Cindy sich dann selbst offensichtlich ein schickes Kleid geschneidert hat, stellt sie fest, dass noch ein halber Meter Stoff übrig ist, und sie denkt sich, daraus können wir jetzt entweder Scheuerlappen machen oder ein Hemd für den Alten. In weiblicher Selbstlosigkeit entscheidet sie sich für Letzteres, und weil noch immer 10 Zentimeter übrig sind, näht sie ihm auch noch eine Art Halstuch. So kommt es, dass die beiden im Partnerlook auf der Bühne stehen. Offensichtlich ist das aber noch nicht schrecklich genug, um eine richtige Horror-Atmosphäre zu schaffen. Der «Hund von Baskerville» spielt ja in einem englischen Gruselschloss in Dartmoor, und so stellen sich Cindy & Bert vor ein auf Pappe kaschiertes Foto, auf dem ebensolch ein Gemäuer zu sehen ist. Aber auch das ist noch nicht gruselig genug. Der rettende Einfall: Schauernebel! In Ermangelung einer Nebelmaschine muss dann offensichtlich ein rauchender Kabelträger aushelfen, der sich eine Zigarette anzündet und – während die beiden singen – seinen Qualm von unten stoßweise in die Kamera bläst.

Wer verbreitet Angst und Schrecken,

wer vernichtet, was er will?
Jeder sucht sich zu verstecken vor dem Hund von Baskerville.
Wen er anfällt, dieser Hund von Baskerville, oh yeah,
hat verloren in dem Kampf um Baskerville. Oh yeah.
Und es traut sich keine Seele in das dunkle Moor hinein,
jeder zittert um sein Leben, wer wird wohl der Nächste sein?
Bald ist die Mission beendet, die sein irrer Herr ihm gab,
lautlos, wie er einst gekommen,

schleicht er sich ins Moor hinab.

Interessant auch der immer wieder ins Bild gerückte Hund, eher aus der Kategorie «niedlich», der – und hier scheinen zwei einander widersprechende Interpretationen möglich –

entweder den inszenierten Horror ironisch relativieren («Der will nur spielen!», «So ein Süßer aber auch») oder aber den bis dahin recht abstrakten, zeitlosen Horror noch einmal historisch verorten und konkretisieren soll. Denn immerhin handelt es sich um einen Pekinesen, der da zu bewundern ist.

Die Gelbe Gefahr?

Pekinese – Peking – China – Mao – Rote Garden – Gelbe Gefahr! Malten sich doch die apokalyptischen Visionäre dieser Zeit die Welt im Jahr 2000 als von Chinesen erobert aus: die politische Landkarte Europas ganz in Gelb, mit Ausnahme vielleicht einiger Centrum-Warenhäuser und Karstadt-Filialen, die von polnischen Partisanen verteidigt werden.

Dem damaligen Zuschauer mögen gehörige Schauer über den Rücken gefahren sein, der heutige kann nur noch lachen. Dieses Lachen allerdings muss ihm im Halse stecken bleiben, sieht er sich diesen Clip nochmals genauer an und konzentriert er sich auf das singende Paar: Cindy steht da und singt, wie sie eben so singt. Bert singt auch, aber irgendwann bemächtigt sich ein seltsames Zucken seiner Gesichtsmuskulatur. Merkwürdige Irritationen, bei denen man im ersten Moment vermutet, Bert würde aus Afghanistan ferngesteuert, von versprengten Taliban- oder Al-Kaida-Kämpfern. Man hat unabweislich das Gefühl, dass Bert über Drähte, die aus seinem Hinterkopf hinter die Spukschlosspappe führen, direkt mit einem Eisenbahn-Trafo verbunden ist, mit dem man ihn regelrecht hochdrehen kann – was auch gerade von einem Menschen mit sehr zittriger Hand durchgeführt wird.

Verpennt oder transzendent

Und mit einem Mal wird es auch wirklich richtig gruselig, denn man weiß, wenn der jetzt noch eins weiterdreht, dann tickt Bert völlig aus, holt die Kettensäge, und – zack! – ist der Kopf von Cindy ab. Dann die Arme – aber Cindy singt weiter –, die Beine ab – der Rumpf bewegt sich noch ein Stück, und Bert steht unerbittlich über ihr und lässt die Säge aufheulen. Das sehen wir jetzt so natürlich nicht, aber allein das Wissen darum, dass es so weit kommen könnte, dass dieses Grauen unmittelbar bevorsteht, bestätigt unseren allerersten Eindruck: Cindy & Bert, ein Bild des Schreckens.

PS: Eine Fußnote zu den Knöpfen an Berts Jacke – es soll und kann hier keine umfassende kulturhistorische Philosophie des Knopfes entwickelt werden, nur so viel: Die Knöpfe sind von einer Größe, einer Bollerhaftigkeit, dass sich mit Notwendigkeit die Frage stellen muss, was das zu bedeuten hat. Die gängige Funktion des Knopfes besteht ja eher darin, Hemden, Jacken oder Hosenschlitze zuzuhalten. Der Knopf selbst hat keinen Eigenwert, er sollte sich mit dieser dienenden Funktion bescheiden. Nicht so die Bert'schen Jackenknöpfe: unübersehbar, großfressig gradezu, prangen sie mehr, als dass sie zuhielten. Was verbirgt sich nun dahinter? Ich vermute, dass wir hier Zeuge werden einer, durchaus dem revolutionären Zeitgeist der siebziger Jahre verpflichteten, ersten Knopfrevolte. «Knöpfe, zur Sonne, zur Freiheit, Knöpfe zum Lichte empor», scheinen sie, der Dunkelheit der Knopfleiste entronnen, zu singen. «Es rettet uns kein höh'res Wesen, kein Gott, kein Kaiser, noch Tribun, uns aus dem Elend zu erlösen, können wir nur selber tun.» Die Knöpfe sind ihrer dienenden Funktion überdrüssig, sie wollen nicht mehr nur Knöpfe «an sich», sondern Knöpfe «für sich», selbstbewusste, souveräne, autonome Knöpfe sein. Marx' «Einleitung zur Kritik der Hegel'schen Rechtsphilosophie» paraphrasierend, verkünden diese Knöpfe, «dass der *Knopf* das höchste Wesen für den *Knopf* sei», und proklamieren an unerwartetem Ort den «kategorischen Imperativ, alle Verhältnisse umzuwerfen, in denen der Knopf ein erniedrigtes, ein geknechtetes, ein verlassenes, ein verächtliches Wesen ist». Und recht haben sie!

AUF DER SUCHE NACH DER AVANTGARDE
oder **WIE DAS FERNSEHEN IN ZWICKAU-LUGAU DIE COUCHECKE DER BERGARBEITERFAMILIE HERTEL GERADE BOG**

baudelaire hat in seinem Tagebuch vermerkt, dass die «Angewohnheit, militärische Phrasen zu dreschen, keineswegs einen militanten Geist verrate, sondern Naturen, die zum Drill geschaffen sind. Lakaienseelen und Zwitter, die bloß in Gemeinschaft denken können.» Nun darf man dem französischen Dichter in dieser Frage nicht unbedingt Objektivität bescheinigen. Denn erstens hat er nicht gedient, und zweitens war sein Stiefvater ein autoritäres Arschloch im Offiziersrang. Und insofern ist es Baudelaire auch nicht zu verübeln, dass er sich an die Stirn tippte, als Mitte des 19. Jahrhunderts die Pariser Szeneliteraten plötzlich damit begannen, sich als «Avantgarde» zu etikettieren, und damit auf gängiges Kasernenvokabular zurückgriffen. Denn frei übersetzt heißt das «Stoßtrupp» und schmeckt eher nach Schlamm denn nach Champagner. In der DDR, wo die großen Staatslenker mehrheitlich nur über rudimentäre Fremdsprachenkenntnisse verfügten, sich aber in Sachen Militär gut auskannten, bediente man sich gerne des Begriffs «Vorhut». Besonders beliebt war die Losung «Die Partei – Vorhut der Arbeiterklasse» – jedenfalls so lange, bis Witzbolde ein «a» zwischen «h» und «u» schoben und damit der Parole alles Pathos raubten. Wir bleiben also – Baudelaire hin oder her – bei dem Begriff «Avantgarde», um zu umreißen, was oder wer bei einer neuen Bewegung an der Spitze steht.

Manchmal sitzt die Avantgarde allerdings auch. So wie im Fall der Familie Hertel aus dem sächsischen Lugau, die man zweifellos als Vorhut, als Stoßtrupp oder eben Avantgarde an der deutschen Fernsehzuschauerfront bezeichnen muss. Und hier stimmt auch Baudelaires Beobachtung, denn Familie Hertel ist nicht freiwillig und aus militantem Geist Avantgarde, sondern wird ganz brutal für dieses Stoßtruppunternehmen rekrutiert, ist insofern eher Passiv-Avantgarde.

Die Ausgangssituation lässt sich einfach umreißen: Das Fernsehen ist erfunden – die Technik steht, das Programm auch –, was noch fehlt, ist der Mensch vor dem Bildschirm, der Zuschauer also, für den die ganze Maschinerie schließlich entwickelt wurde.

Eine Paraphrase auf das

Bergarbeiterfamilie Hertel

klassische, als Philipp-Reis-Paradoxon in die Geschichte der Technik eingegangene Phänomen: der Telefonerfinder, der nun vor seinem erfundenen ersten und bis dahin einzigen Telefon sitzt und niemanden hat, den er anrufen kann, wie ihn auch niemand anruft!

Ähnlich die Situation im frühen DDR-Fernsehen: Historisch gesehen befinden wir uns an einer Schwelle, ein Schritt noch, und das Fernsehen hat es geschafft, wird Massenmedium. In der DDR ist das Mitte der sechziger Jahre der Fall. Noch aber ist es nicht so weit, noch hat das Medium nicht die Wohnstuben erobert, noch ist aus dem Menschen nicht der Zuschauer geworden.

FERNSEHEN KANN JEDER!

Der Fernsehausschnitt, der hier näher betrachtet werden soll, stammt aus dem Jahr 1961. Es ist das Jahr des Mauerbaus. Die DDR macht ihre Grenzen zu, und 16 Millionen Ostdeutsche sind von einem Tag auf den anderen auf sich selbst zurückgeworfen. Eine brandgefährliche Situation, ein «sozialistischer Lager»-Koller ist quasi vorprogrammiert. Helfen können da eigentlich nur die drei großen A: Arbeit, Alkohol und Adlershof. Auf diesen drei Beinen steht die Bevölkerungsberuhigungsstrategie der Partei. Arbeit ist in der DDR kein Problem, die kriegt hier jeder, auch wenn er sie gar nicht will. Alkohol gibt es ebenfalls in Mengen. Und auch wenn die Palette der angebotenen Spirituosen recht schmal ist, so reicht ihr Alkoholgehalt doch allemal, die Einwohnerschaft im Bedarfsfall in Gänze abzufüllen. Der Ostberliner Stadtteil Adlershof wird hier wegen der hübschen Alliteration als Synonym für das DDR-Fernsehen gebraucht, dessen Sendezentrale sich seit den frühen fünfziger Jahren ebendort befindet.

Die Mauer also steht, Schaufenstergucken in Westberlin ist als Unterhaltungsprogramm gestrichen, der Ostler langweilt sich, und die Regierenden haben ein Problem. Die Massen müssen mit möglichst geringem ökonomischem Aufwand beschäftigt werden. Was liegt näher, als das bis dahin vor sich hin dümpelnde Ostfernsehen breiten Bevölkerungsschichten zugänglich zu machen? Also beschließt die Parteiführung erstens, die Fernsehgeräteproduktion anzukurbeln, und zweitens, die Werktätigen im Umgang mit dem neuen Medium zu schulen. Bislang besitzt nicht einmal jeder zehnte DDR-Haushalt ein Fernsehgerät; ein Luxusgut – schwer zu bekommen und kaum zu bezahlen. Fernsehen ist also ein elitäres Vergnügen, ein Oberschichtamüsement. Dagegen gilt es nun auch propagandistisch und pädagogisch vorzugehen. Der Bevölkerung muss klargemacht werden: Um fernzusehen, bedarf es keines Hochschulabschlusses.

Deshalb fällt die Wahl auf die Bergarbeiterfamilie Hertel, als es darum geht, die Avantgarde des Fernsehkonsumzeitalters in der DDR zu formen. Erstens geht es proletarischer nimmer, und zweitens gehören Bergleute in der DDR zu den Schwerstarbeitern und werden überdurchschnittlich entlohnt, können sich also theoretisch selbst in der Frühphase der volkseigenen Fernsehgeräteproduktion einen solchen Kasten leisten. Nachdem nun der gesellschaftliche Kontext umrissen ist, kommen wir zu dem denkwürdigen Ereignis als solchem. Im Deutschen Rundfunkarchiv ist der 28-minütige Ausschnitt, um den es hier geht, unter dem Sendetitel «Das ist mein Vaterland» archiviert. Ob die Sendung auch tatsächlich unter diesem Namen gelaufen ist, lässt sich nicht mehr sagen. Wenn ja, hätten wir es hier zweifellos mit einem der surrealistischsten Momente der deutschen Fernsehgeschichte zu tun. Unter dem Stichwort «Thema» ist auf der noch zu DDR-Zeiten angelegten Kartei zu lesen: «Dem Zuschauer soll durch eine Direktübertragung zwischen einer Bergarbeiter- familie und dem Fernsehzentrum das Prinzip der Fernsehauf- zeichnung erläutert werden.»

Und um es vorwegzunehmen: Erläutert wird, zu begreifen ist nichts.

Uns sind ja viele Sachen inzwischen komplett selbstverständ- lich. Aber natürlich ist Fernsehen erst einmal eine grund- absurde Situation: 1,5 Millionen Jahre nach der Erfindung des Lagerfeuers durch südafrikanische Hominiden versam- melt sich der Mensch erneut um einen zentralen Punkt und glotzt schweigend hinein. Das geht natürlich nicht so einfach von heute auf morgen, das muss selbstredend erst einmal trainiert werden. Und dafür müssen die entsprechenden Bedingungen geschaffen werden. Und genau dafür wurde die Bergarbeiter- und Avantgardefamilie Hertel abkomman- diert.

Erst einmal zu den räumlichen Bedingungen, die ja nicht von vornherein aufs Fernsehen abgestimmt sind: Klarheit kann hier ein sehr schöner Aufsatz von Martin Warnke aus einem kleinen Suhrkamp-Bändchen schaffen, er trägt den ungewöhnlichen Titel «Zur Situation der Couchecke». Der Kunsthistoriker legt dar, dass das Fernsehen in der Wohn- stube dazu führt, dass die Eckcouch quasi aufgefaltet wird; weil das Fernsehen eine neue und andere soziale Situation schafft als diejenige, die von der Couchecke vorausgesetzt wird. Warnkes Text ist Teil einer Aufsatzsammlung, die 1979 von Jürgen Habermas ediert wurde, sie heißt «Stichworte zur geistigen Situation der Zeit». Offensichtlich wollte man nach 68 und dem ganzen Siebziger-Jahre-Durcheinander einen Strich ziehen und ausloten, an welchem Punkt die bundesdeutsche Gesellschaft nun angekommen ist. Und es spricht für den Realitätssinn von Habermas und insbesondere Warnke, dass sie dabei der Couchecke in der Erforschung der geistigen Situation einen zentralen Platz eingeräumt haben. Weil vermutlich kaum ein Leser jetzt auf die Schnelle in seinem Bücherregal ein Suhrkamp-Bändchen von 1979 finden wird, sei hier kurz referiert, was Warnke über das Werden und Sterben der Couchecke zu erzählen weiß: Das Möbelstück verdankt seine Erfindung der räumlichen Trennung von Wohnen und Arbeit. Zwei Sessel haben sich gewissermaßen erst zur Couch verschwistert und sind dann, nachdem auch das Essen, der Toilettengang und das Schlafen aus dem ursprünglich alles umfassenden zentralen Wohnraum des Mitteleuropäers ausgelagert worden waren, zur Couchecke expandiert. Salonsimulation: Plötzlich hatte man eine leere «gute Stube», die zur innerfamiliären Kommunikation einlud und mit einem adäquaten Möbelstück gefüllt werden musste. Und da ist die Eckcouch die ideale Lösung. Man sitzt bequem, Mutter, Vater, Kinder schauen sich in die Augen, können zivilisationsfördernd «Mensch ärgere dich nicht!» oder Skat spielen und miteinander reden.

Jedenfalls so lange, bis ein Fernseher gekauft wird. Der macht aus der hochkommunikativen Couchecke natürlich sofort einen Stein des Anstoßes, ein Ärgernis. Schließlich will keiner mit der Seite zum Bildschirm sitzen und Genickstarre oder Augenmuskelüberdehnungen riskieren. Die Eckcouch wird also aufgefaltet. Man sitzt nebeneinander, und mit den innerfamiliären Gesprächen ist es vorbei.

Aber zurück zur Familie Hertel aus Lugau, der man offensichtlich gerade erst die Eckcouch geraubt und einen neuen Fernseher vor die Nase gesetzt hat. Jedenfalls sitzen Mutter, Vater und Tochter noch recht unorganisch vor dem Gerät und fremdeln mit dem neuen Medium, obgleich sie ja eigentlich dessen Siegeszug vorantreiben sollen.

Wie die späte DDR auf den letzten Blick kommt auch die frühe DDR auf den ersten Blick recht patriarchalisch daher. Was daran zu erkennen ist, dass man Herrn Hertel zum Stoßtruppführer, zum Chefavantgardisten macht. Obgleich bereits nach wenigen Minuten klarwird, dass er nicht der Hellste im Familienverband ist. Andererseits wird der arme Mann auch pausenlos ge- und überfordert, und schuld daran ist Wolfgang Stein, der in der Sendung als Moderator fungiert.

Mit ihm beginnt das Ganze auch. Wir sehen hier Herrn Stein

Der Adlershofer Fernsehlehrer

– von allerlei Technik umrahmt – in der Adlershofer Sendezentrale beim Versuch, dem Fernsehzuschauer das Fernsehen zu erklären. Leider spielt er dabei über Bande, und die Bande heißt hier Herr Hertel: *Und wir sind jetzt sowohl über Ton- wie auch über Blickverbindung verbunden mit einer Bergarbeiterfamilie in Zwickau-Lugau, und da haben Sie jetzt im Bild Herrn Hertel. Guten Tag, Herr Hertel. Wie geht's Ihnen?* Umschnitt, und wir sehen Herrn Hertel etwas orientierungslos. Die eigentliche Spielvereinbarung war, dass Familie Hertel mit dem Fernseher spricht, damit der Zuschauer daheim glaubt, der Moderator, also Wolfgang Stein, würde tatsächlich auf dem Bildschirm im Hause Hertel zu sehen sein. Da die Sendung aber vorproduziert und aufgezeichnet wird (es handelt sich um «eine Nachmittagsunterhaltung, die am Abend gesendet wird»), können die Hertels bestenfalls hören, was im fernen Adlershof passiert, und so weiß in Lugau keiner so recht, worauf er seinen Blick richten soll. Zumal in der kleinen Wohnstube der Bergarbeiterfamilie auch noch direkt neben dem neuen Fernsehgerät eine riesige Kamera installiert wurde, um die Antworten der Hertels zu dokumentieren.

Aber der Bergmann fasst sich dann doch erstaunlich schnell und pariert nach einer Schrecksekunde: *Danke, gut.*

‹BETÄUBT EIN GROSSER WILLE›

Was allerdings auffällt, ist der eigentümliche Schleier über den Augen, mit dem Herr Hertel in die Kamera schaut – unwillkürlich erinnert er so an Rilkes «Der Panther. Im Jardin des Plantes, Paris»: «Sein Blick ist vom Vorübergehn der Stäbe / so müd geworden, daß er nichts mehr hält. / Ihm ist, als ob es tausend Stäbe gäbe / und hinter tausend Stäben keine Welt.»

Im Grunde hat Rilke mit diesem Gedicht bereits 1902 die Situation des künftigen Fernsehzuschauers vorweggenommen. Vor dem Raubtierkäfig in der Menagerie des Botanischen Gartens der französischen Hauptstadt findet er nicht nur die Worte, die sechzig Jahre später Herrn Hertels Zustand adäquat beschreiben. Nein, er liefert darüber hinaus ein bis heute unübertroffenes Psychogramm des Fernsehkonsumenten: «Der weiche Gang geschmeidig starker Schritte, / der sich im allerkleinsten Kreise dreht, / ist wie ein Tanz von Kraft um eine Mitte, / in der betäubt ein großer Wille steht.»

Stellen Sie sich einen Spiegel neben den Fernseher und lassen Sie Ihren Blick nach 140 Minuten «Wetten, dass ...?» für einen Moment dorthin wandern. Sie werden sehen, wie recht Rilke hat: «Nur manchmal schiebt der Vorhang der Pupille sich lautlos auf. / Dann geht ein Blick hinein, / geht durch der Glieder angespannte Stille / und hört im Herzen auf zu sein.»

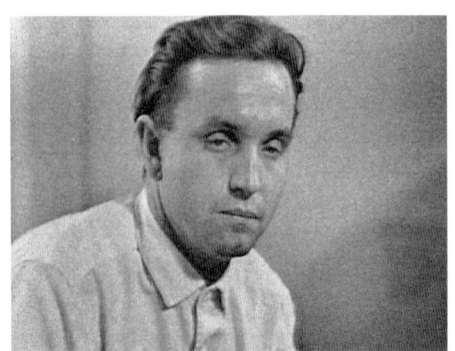

Sein Blick ist vom Vorübergehn der Stäbe ...

Wieder einmal wurde die Wahrheit also an einem anderen Ort gefunden, als wo sie gebraucht wurde. Zugegeben, wenn das Gedicht «Herr Hertel», Unterzeile «Im Wohnzimmer in Zwickau-Lugau» geheißen hätte, wäre es sicher nicht Weltliteratur geworden. Aber mit ein wenig Phantasie kann man sich Herrn Hertel sicher als eingesperrten Panther denken. Vielleicht erkennen Sie sich auch selbst, im Panther oder in Herrn Hertel. Andererseits sind der arme Bergarbeiter und seine Familie ja Avantgarde und Sie, lieber Leser, quasi die Nachhut oder, wie der Pariser sagt, die Arrièregarde. Die Droge, an der Herr Hertel zu knabbern hat, ist Ihnen mit der Muttermilch eingeflößt worden. Sie sind nicht mehr irritiert, sondern nur noch betäubt und damit vermutlich näher am Panther denn bei Herrn Hertel.

Der Bergarbeiter befindet sich nämlich in einer für ihn ganz und gar unbegreiflichen Situation, und man kann davon ausgehen, dass er da nicht freiwillig hineingeraten ist. Eher keimt der Verdacht auf, dass seine Gattin hier ihre Hände mit im Spiel hatte, ist doch auf Frau Hertels Gesicht über die komplette Länge dieses Ausschnitts ein breites Grinsen zu entdecken. Man muss kein auf DDR-Bergarbeiter spezialisierter Ethnologe sein, um sich auszumalen, was im Vorfeld dieser archivierten Tragödie abgelaufen ist.

Vermutlich fing alles damit an, dass sich das Politbüro beim Intendanten des DDR-Fernsehens gemeldet hat: «Hör mal, Genosse, jetzt, wo der antifaschistische Schutzwall steht, könnte es unseren Bürgern vielleicht ein bisschen langweilig werden. Macht doch mal euer Fernsehen etwas populärer. Das wäre doch eine feine Sache für unsere Werktätigen, so nach der Arbeit daheim bei einem Bierchen vor so einem Kasten zu sitzen. Da kommen die dann nicht auf dumme Gedanken.» Der Intendant war natürlich hocherfreut, wurde ihm doch im selben Atemzug mitgeteilt, dass im neuen Fünfjahresplan die Fernsehgeräteproduktion absoluten Vorrang hat und er demnächst also sein Programm für ein Millionenpublikum machen darf.

Da, wie bereits erwähnt, der Schaufensterbummel in Westberlin wegfällt, können die dafür benötigten Arbeitskräfte, Fernsehgerätebauer und Fernsehprogrammfüller, problemlos beispielsweise aus der Schuhindustrie abgezogen werden. Schließlich würde der Verschleiß an Schuhwerk ohnehin spürbar zurückgehen, wenn sich das Fernsehen als Freizeitvergnügen erst einmal etabliert hätte. Und genau darauf käme es jetzt an.

Der Intendant weiß, was zu tun ist, hat er doch gerade erst sein Fernstudium an der Akademie für Staats- und Rechtswissenschaft abgeschlossen. Das Fernsehen bei den Werktätigen populär zu machen heißt natürlich zuerst, den proletarischen Uradel für das neue Medium zu begeistern. Und der strahlt seit der Gründung der DDR schwarz angepinselt und mit dem Presslufthammer in der Hand von allen Litfaßsäulen: «Ich bin Bergmann, wer ist mehr!» Mit solch einem Parade- und Edelproletarier als Vorhutführer lässt sich das sozialistische Fernsehschaffen in jedes Wohnzimmer tragen. Gesagt, getan! Der Intendant lässt sich mit dem Minister für Kohle und Energie verbinden, schildert das Problem und bittet um Unterstützung. Der Minister ruft sogleich seinen für Bergbau zuständigen Staatssekretär, und beide studieren die aktuellen Planerfüllungskennziffern. Kurze Zeit später steht

fest, dass sich augenblicklich einzig das VEB Steinkohlen-
werk Oelsnitz der Planvorgabe nähert.

Am nächsten Tag klingelt im Oelsnitzer Büro des Steinkohle-
werkdirektors das Telefon, und der Staatssekretär gibt die
Wünsche seines Ministers weiter. Der Direktor ist nicht
erstaunt, schließlich hat er schon oft Bergleute zu Propagandazwecken freistellen müssen. Adolf Hennecke zum
Beispiel, der am 13.10.1948 seine Tagesnorm um 380 Prozent übererfüllte, aber seither leider für Arbeit unter Tage
nicht mehr zur Verfügung stand. Der Fall hatte den Direktor
gelehrt, bei solchen Anfragen aus Berlin vorsichtig zu sein.
Denn wer soll schließlich die Kohle aus der Erde holen, wenn
die besten Hauer des Schachtes als Vorzeigeaktivisten durch
die Republik gereicht oder als Volkskammerabgeordnete
auf Marathonsitzungen eingeschläfert werden? Nachdenklich schaut der Mann aus seinem Bürofenster hinaus auf die
großformatigen Porträtfotos der «Straße der Besten». Die fünf
Erstplatzierten sind zu gut und damit für die Planerfüllung
unabkömmlich. Steiger Hülsmann fällt ebenfalls aus, ist doch
seine sechzehnjährige Tochter erst Anfang des Jahres in den
Westen abgehauen. Sein Kollege Müller 2 war im Krieg bei
der Waffen-SS, Genossin Borchert sitzt in der Buchhaltung,
und Bestarbeiter Adolf Hübner hat nicht nur einen unzeitge-
mäßen Vornamen, sondern auch ein Alkoholproblem. Bleibt
also nur Hertel, der die Kohle im Lugauer Schacht «Vertrauen» mit dem Grubengaul aus den entlegenen Abschnitten
zum Fördergestell karrt: verheiratet, zwei Kinder, keine West-
Verwandtschaft, ein mäßiger Trinker. Schon am nächsten Tag
steht Hertel kohlenstaubverschmiert und nach Pferdemist
stinkend vor seinem Direktor. Der macht das Fenster auf,
klopft dem Bergmann auf die Schulter und teilt ihm mit,
dass das Fernsehen ihm und der Familie beim Fernsehen
zuschauen wird. Dann klingelt das Telefon, und der Direktor

des VEB Steinkohlenwerks Oelsnitz bittet den verdatterten Hertel zu gehen.

Zu Hause angekommen, lässt sich der Bergmann erst einmal auf den Küchenstuhl fallen. Sehr zum Unmut seiner Frau, die natürlich zu Recht darüber erbost ist, dass Hertel total ungewaschen und in Arbeitsklamotten den Heimweg angetreten hat. So etwas ist gemeinhin nur bei Grubenkatastrophen, Kriegsausbrüchen oder Generalstreiks üblich, aber da das Küchenradio keines dieser außergewöhnlichen Vorkommnisse gemeldet hat und auch die Sirenen nicht heulen, muss Hertel das Gezeter seiner Frau erdulden. Schließlich aber wird es ihm zu bunt. Er haut mit seiner schmutzigen Bergarbeiterfaust auf den Tisch und brüllt: «Das Fernsehen kommt!» Nach einer guten halben Stunde hat er schließlich auch den Rest der spärlichen Direktorenworte an seine Frau weitergereicht. Die ist erst einmal sprachlos, was nur sehr selten vorkommt, geht dann ins Wohnzimmer und von dort wieder zurück in die Küche, um ihren Gatten mit der freudlosen Realität zu konfrontieren: «Wir haben gar keinen Fernseher!»

«Na eben!», schluchzt der Bergmann, der natürlich um die Dürftigkeit seiner heimelektronischen Ausstattung weiß und deshalb fürchtet, dass nun seine ruhigen Tage mit dem Grubenpferd gezählt sind und er künftig in Sibirien die Steinkohle mit den bloßen Fingern aus der Erde kratzen muss. Zum Glück gibt es aber Frau Hertel, die natürlich längst begriffen hat, welch phantastische Möglichkeiten in dieser scheinbar so verfahrenen Situation liegen. Am nächsten Tag steht Hertel wieder vor seinem Direktor und streckt dem verdutzten Mann die Liste entgegen, die seine Frau am Abend zuvor aufgesetzt hat: 1 Fernsehgerät, 1 Fernsehtisch, 1 Fernsehsessel, 1 Kleid Größe m 88, 5 Paar Besucherhausschuhe, 1 Flasche Weinbrand, 6 Cognacschwenker und 1 Staubsauger.

Der Direktor fühlt sich an das Märchen vom Fischer und seiner Frau erinnert, als ihm Hertel den Wunschzettel seiner Gattin reicht. Aber es war ja sein Fehler, er hätte ahnen müssen, dass längst nicht jeder seiner Bergarbeiter ein Fernsehgerät besitzt. Schmerzlich fühlt er die Kluft, die sich zwischen ihm und der Arbeiterklasse auftut. So melancholisch gestimmt, weist er seinen Buchhalter an, die Familie Hertel mit den gewünschten Konsumgütern aus dem Prämienfonds des VEB zu versorgen. Eine Woche später bringt der Transporter des HO-Kaufhauses Karl-Marx-Stadt die gewünschten Waren zu der Bergarbeiterfamilie nach Lugau. Als am Monatsende schließlich das Fernsehteam aus Berlin-Adlershof eintrifft, kann die schlaue Frau Hertel die ganze Mannschaft in die nagelneuen HO-Filzpantoffeln stecken und mit einem schönen Schluck «Herz As» willkommen heißen.

DIE FERNSEHSCHLACHT AM LUGAUER BOGEN

So weit zur Vorgeschichte und wieder zurück zur eigentlichen Tragödie, die sich nach der Ankunft des Fernsehteams im Wohnzimmer abspielt. Zwar hat sich Frau Hertel rührend um die Verschönerung ihrer guten Stube und ihrer selbst gekümmert, doch das hilft ihrem Gatten nun herzlich wenig. Sicher, auch er durfte sich mit Weinbrand aus dem neuen Cognacschwenker Mut antrinken, und sogar Rauchen ist am Set erlaubt. Aber offensichtlich hat es kein Mensch für nötig gehalten, den armen Mann über den genauen Ablauf der geplanten Sendung zu informieren, mit ihm vorab die Fragen abzustimmen oder wenigstens ein Hintergrundgespräch zu führen. Kurzum, Herr Hertel rennt, vor der Kamera sitzend, blind in sein Verderben. Das fängt schon damit an, dass der Bergmann nicht mehr Herr in der eigenen Stube, geschweige denn über sich selbst ist. Natürlich sind die Verantwortlichen in der Adlershofer Sendezentrale viel zu feige, die ganze Veranstaltung live zu senden. Also zeichnet man auf, was einem unbedarften Neuzuschauer wie Herrn Hertel eigentlich egal sein kann, wenn er nicht ausgerechnet selbst dazu verdonnert wäre, die Hauptrolle zu spielen. Die fremde Technik und die fremden Menschen in Muttis neuen Pantoffeln tun ihr Übriges, um den Bergmann zu verwirren. Einzig die Zigarette gibt etwas Halt. Miserabel konditioniert, sitzt also Herr Hertel in seiner Stube und starrt auf einen ausgeschalteten Fernseher. Hier kann man jene Grundperfidie, deren sich das Medium bis heute bedient, quasi noch mit Eierschalresten hinter den Ohren erleben. Herr Hertel bekommt von dem Aufnahmeleiter vor Ort die Ansage: «Sie müssen jetzt erst einmal in den Fernseher schauen.» Vom Weinbrand schon etwas übermütig geworden, stellt sich der Bergmann stur: «Na, da ist doch aber nichts.» Die Profis aus Adlershof denken an die lange Rückfahrt nach Berlin und werden etwas ungeduldig: «Na, ist doch egal, Sie müssen da jetzt aber mal hinschauen.» Das ist heutzutage viel raffinierter gelöst. Da wird wenigstens so getan, als ob was wäre, auch wenn eigentlich nichts ist. Der Unterschied zwischen einem angeschalteten und ausgeschalteten Fernseher ist nur in sehr seltenen Situationen ein wesentlicher. Um unterscheiden zu können, ob ein Fernseher an oder aus ist, bedarf es schon historischer Ausnahmesituationen. So wie in Lugau.

Dazu kommt die komplette Orientierungslosigkeit, die Herrn Hertel und die Seinen befallen hat. Denn nicht nur dass sie auf einen ausgeschalteten Fernseher schauen müssen – nein, sie werden gleichzeitig noch aus dem Off mit der Frage bombardiert, ob sie denn Fragen hätten, und sollen bei ihrer Antwort – die wiederum eine Frage sein soll – dann aber in die Kamera schauen. Da merkt man leider sofort, dass das Fernsehen in der DDR noch ein junges Medium ist. Das Personal kommt vom Kinofilm, vom Theater, vom Radio oder frisch von der Arbeiter-und-Bauern-Fakultät. Jeder erfahrene Regisseur hätte die Kamera hinter dem Fernseher positioniert, um die Illusion der Zwiesprache zwischen Mensch und Medium zu erhalten. Aber hier steht sie nun im rechten Winkel zum Gerät, und so müssen die Hertels, wenn sie angesprochen werden, den Kopf abrupt drehen, was zudem natürlich dadurch erschwert wird, dass die Fragesteller selbst – Moderator Wolfgang Stein und sein Fachberater aus Adlershof – in Lugau nur zu hören und nicht zu sehen sind. Umgekehrt aber funktioniert die Bildübertragung; der Moderator hat einen Kontrollmonitor vor sich stehen und weiß sehr wohl, was im Wohnzimmer der Hertels abgeht. Wie bereits erwähnt, verwirrt das Ganze nicht nur Herrn Hertel, sondern auch dessen Familie, also Mutti Hertel und Marion, die sechsjährige Tochter. Bei Marion sehen wir ganz deutlich, wie schwer es ist, Menschen für das Fernsehen abzurichten: Sie ist ganz bei sich, noch nicht fernsehkompatibel, und so muss Mutter Hertel den Kopf ihres Kindes mit beiden Händen und mit Gewalt in die Kamera drehen.

Moderator Stein: Ja? Und da haben wir Marion, ja? Marion, schau uns doch mal an.

Marion reagiert nicht, warum auch, schließlich kann sie die Stimme keiner Respektsperson zuordnen. Also muss Mutti nachhelfen.

Frau Hertel zu Marion: Hierhin, hierhin.

Moderator: Ja, dahin. Dahin. So ist richtig. Guten Tag, Marion. Geht's dir gut?

Formal stimmt nun alles, auch wenn im Kopf des Kindes

nun die totale Konfusion herrscht. Erst nachdem die Mutter sie unsanft anstößt, ist aus ihrem Mund ein leises «Ja» zu vernehmen. *Moderator: Wo ist denn deine Schwester Bärbel, die ist rausgegangen, ja?* Ein neuerlicher mütterlicher Stoß folgt, und wieder wird er mit einem leisen «Ja» quittiert.

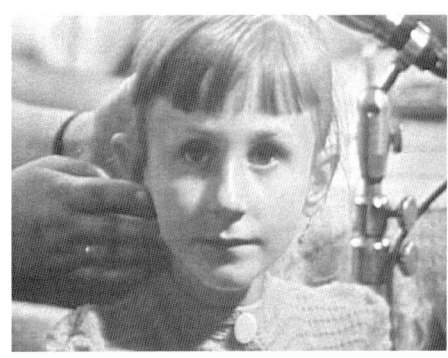

Marion

Moderator: Die spielt draußen auf der Straße. Auch nicht schlecht. Marion ist sechs Jahre alt und Bärbel vier Jahre. Bärbel, die zweite, erst vierjährige Herteltochter, hat man also vorsorglich entsorgt. Sie steht jetzt mutterseelenallein auf der Straße, während ihre Familie drinnen zu Propagandazwecken missbraucht wird. Das hat vermutlich seinen Grund in der Tatsache, dass es nur zwei Personengruppen gibt, die nicht zu hypnotisieren sind: Kinder und Idioten. Mit der Erfahrung der Lugauer Fernsehexpedition im Nacken könnte man hoffen, dass vielleicht auch Bergarbeiter dazuzählen oder wenigstens Grubenpferdeführer, die mit H anfangen – eine Hoffnung, die sich, fünfzig Jahre später, schnöde enttäuscht sieht.

Während bei Marion die Mutti den Kopf so zackig dreht, dass man glaubt, es knirschen zu hören, kann Papa Hertel die Kopfdrehung zwar gerade noch selbst bewerkstelligen, aber es knirscht trotzdem.

Das ist das unhörbare Geräusch, in dem sich die Gewalt repräsentiert, die wir heutigen Fernsehzuschauer längst verinnerlicht haben. Anders als bei der kleinen Marion Hertel, die den Einzug des Fernsehens in ihr Dasein quasi als brutal orthopädische Fixierung erleiden muss, haben wir keine Erinnerung mehr daran, wann das Medium von uns Besitz ergriffen und unsere häuslichen Bewegungsabläufe zu steuern begonnen hat.

Aber hier, 1961, kann man den Schweißgeruch dieses ungeheuerlichen Dressuraktes noch riechen.

DIE VIERTE GEWALT SCHLÄGT ZU

An dieser Stelle müssen wir noch einmal auf Martin Warnke zurückkommen. Denn in dieser Bergarbeiterstube in Lugau kann man plötzlich erleben, wie der private Raum von der Gesellschaft zurückerobert wird. Im übertragenen Sinne steht die Eckcouch noch – Arbeit, Schlafen, Scheißen sind ausgelagert –, aber jetzt kommt das Fernsehen ins Wohnzimmer: Die Eckcouch wird aufgeklappt, es entsteht ein offener Raum, und jede Form von Privatheit ist blitzartig verschwunden. Heutzutage reden Journalisten, redet das Fernsehen ja immer gerne von sich als der «Vierten Gewalt». Und hier in Lugau begreift man, was diese kokette Floskel eigentlich meint. Denn wenn man die «Vier» weglässt (und auf die kann man gut und gerne verzichten), bleibt die nackte Gewalt, die im Haus der Hertels nach Lust und Laune waltet und sich einen Dreck um den Bergmann und seine Familie schert.

Nein, unbeirrt arbeitet Moderator Stein seinen vorgefertigten Fragenkatalog ab. Auch wenn er anfänglich noch etwas Anteilnahme heuchelt.

Moderator: Herr Hertel, geht's Ihnen gut? Sagen Sie mir bitte, wann sind Sie aus der letzten Schicht gekommen?

Herr Hertel: Heut früh.
Und jetzt beginnt die hinterfotzige Heuchelei.
Moderator: Heut früh? Und jetzt machen wir die Aufnahme, ist es nicht ein bisschen anstrengend, oder geht's noch?
Man spürt förmlich, wie der Bergmann mit sich ringt. Denn natürlich geht es nicht, und so schon gar nicht. Er würde jetzt am liebsten ein schüchternes «Nein!» in die Kamera hauchen, ein vorsichtiges «Haut ab!» oder ein forsches «Alle Räder stehen still, wenn mein starker Arm es will». Aber Stalin ist noch keine neun Jahre tot, und die Mauer steht, also spielt er zähneknirschend weiter mit und antwortet:
Ja, einmal geht das schon.
Ein Rest von Auflehnung, das «Ja», wird mutig relativiert. Das spürt auch der Moderator in Adlershof und nimmt sich zur Sicherheit Frau Hertel zur Brust. *Moderator: Ja? Frau Hertel?* Die Bergarbeiterfrau merkt natürlich sofort, woher der Wind weht. Und die Angst, dass sie, wie die Frau des Fischers, all die schönen Dinge, die ihr der HO-Kaufhauslaster aus Karl-Marx-Stadt bescherte, auf einen Schlag wieder verlieren könnte, sitzt ihr in den Knochen. Bloß jetzt kein falsches Wort, denkt sie sich und sagt «Ja». Der Moderator ahnt, dass hier mehr zu holen ist, und setzt schleimig menschelnd nach: *Sie kennen Ihren Mann besser, wir müssen ihm glauben. Ist er etwas angestrengt, oder ist er noch frisch genug? Ja?* Klassische Fernsehkommunikation, die Fragen, die das Fernsehen hat, beantwortet es am liebsten selbst. Und wenn es Antworten hat, aber nicht allzu forsch auftrumpfen will, dann kann ja der Zuschauer die zur Antwort passende Frage stellen.
Das Bild straft den Moderator Lügen, der Mann ist definitiv nicht mehr frisch, wäre er ein Fisch, müsste man sich die Nase zuhalten. Aber wie gesagt, ein neues Kleid, ein Fernseher, die Pantoffeln …

Doch so korrupt Frau Hertel auch ist, einen Rest proletarischer Würde hat sie sich erhalten. Sie konnte sehr genau beobachten, wie entspannt das aus Adlershof angereiste Kollektiv der Fernsehschaffenden zur Sache ging und wie edel im Gegenzug dazu die Klamotten waren, die sie als «Arbeitskleidung» trugen. Fast alles aus dem Westen, Nylon, so weit das Auge reicht. Also entgegnet sie trotzig: *Na ja, Bergwerksberuf strengt immer an.*

Und da wir gerade bei der Mode sind, lohnt es sich, einen genaueren Blick auf das Outfit von Herrn Hertel zu werfen. Hier ist eine echte Pionierleistung zu besichtigen. Ich jedenfalls habe Vergleichbares vorher noch nie gesehen. Herr Hertel sitzt in einem normalen Oberhemd vor uns, die Ärmel sind hochgekrempelt. Aber, und das ist ausgesprochen raffiniert und in einer Formulierung, die ältere Menschen vermutlich für jugendsprachlich halten, «scheißcool», nach

Lugauer Ärmelmode

innen! Kennen Sie jemanden, der sich seine Hemdsärmel nach oben innen krempelt?! Es sieht ungeheuer lässig aus. Und verspräche auch heute einen enormen Distinktionsgewinn, ja, Distinktionsprofit! Aber leider hilft es Herrn Hertel in dieser verfahrenen Situation auch nicht weiter. Denn der Moderator kommt nun unbarmherzig zur Sache und beginnt mit einem Fernsehexperten, den armen Bergmann zu examinieren. Es ist der technische Direktor des Adlershofer Senders, der als solcher eigentlich nicht zu erkennen wäre, wenn er nicht einen Schlips hätte, der durch

ein ausgesprochenes Test-
bild-Design besticht. So
auch optisch professio-
nell abgesichert, legt der
Moderator los: *Und was
wir tun wollen, liebe Hertels, das ist, über diese
technische Einrichtung,
die wir uns alle zusammen
geschaffen haben unter
den Bedingungen der Ar-*

Mikro, Schlips, Parteiabzeichen

*beiter- und Bauernmacht,
über die technischen Einrichtungen des deutschen Fernseh-
funks eine kleine Nachmittagsunterhaltung zu machen,
obwohl es ja am Abend gesendet wird. Es wird eine Auf-
zeichnung sein. Und damit die Unterhaltung sich nicht nur
abspielt zwischen der Familie Hertel und dem Reporter, haben wir hier noch jemanden, der Ihnen auf technische Fragen
weit besser Auskunft geben kann, als ich es tun kann. Sehen
Sie, da haben Sie neben mir unseren Kollegen technischen
Direktor, den Kollegen Kramer. Hertels, unsere Zuschauer,
Herr Kramer, sind jetzt darauf vorbereitet, dass Sie etwas
zu erzählen haben über das Fernsehen, und wenn wir darum
bitten dürfen, wieder zur Familie Hertel zurückzuschalten, ja,
Herr Hertel, sind Sie sprechbereit?*
Unter den «Bedingungen der Arbeiter- und Bauernmacht»
kann jetzt natürlich nur ein «Ja» folgen, und so geschieht
es auch. Herr Hertel nickt brav, und die «Unterhaltung» geht
weiter.
*Moderator: Denn die Möglichkeit hat man nicht immer, dass
man gleich den technischen Chef des Fernsehens dahat, nicht
wahr? Wenn Sie ihm eine Frage stellen wollen, jetzt ist die
Möglichkeit gegeben.*

Wenn wir vorhin gesagt haben, Herr Hertel sei auf diese Situation nicht vorbereitet, so stimmt das nicht ganz. Da das Fernsehen seine Antworten kannte, sich aber nicht sicher sein konnte, dass Herr Hertel auch die entsprechenden Fragen stellen würde, hat man ihm sicherheitshalber einen kleinen Fragenkatalog zum Auswendiglernen in die Hand gedrückt. (Ein Verfahren übrigens, dessen sich neben dem Fernsehen überall in der Welt nur noch die DDR im Falle öffentlicher Aussprachen, Debatten und Fragerunden bediente – die DDR hat inzwischen davon Abstand genommen, wie sie von allem Möglichen Abstand genommen hat, bis hin zu sich selbst.) Aber Herr Hertel ist Bergmann und kein Rezitator. Hinzu kommt, dass die für Herrn Hertel ausgearbeiteten Fragen keinerlei Bezug zu seiner Lebenswirklichkeit und Sprachpraxis haben. Es war zweifelsohne ein ehrgeiziger Dramaturg am Werk, der versucht hat, Poesie und Parteilichkeit unter einen Hut zu zwingen. Kein leichtes Unterfangen, und selbst wenn es ihm gelungen sein mag, passt dieser Poesie-Parteilichkeits-Hut nicht auf den kantigen Kopf unseres Bergmannes. Dementsprechend ungelenk stottert sich Herr Hertel durch seine erste Frage: *Ja, also, wir sind also sehr aktive Fernsehanhänger und uns, unser Wunsch oder unser Interesse hat schon immer, also, ein – wie soll ich mich ausdrücken? – also den Wunsch geäußert, wie überhaupt das Fernsehen, das technische Wunderwerk, entsteht. Wie also das Bild von Sender Adlershof über die Relaisstrecken oder über die Fernsehsender zu uns in die Wohnung kommt, wie also das alles vonstattengeht.*

Schon beim Lesen muss man mit dem armen Lugauer Arbeiter leiden. Wer würde solchen Unsinn schon freiwillig deklamieren wollen? Andererseits gibt es im heutigen Fernsehprogramm so viel vermeintlich authentische ordinäre Unterschichtenstatements, dass man sich für etliche Nachmittagstalk- und Gerichts- und Castingshows doch einen gutgeschulten DDR-Fernsehdramaturgen als Textschreiber und geschulten Fragenformulierer wünschen würde.

Doch zurück ins Jahr 1961 und zu einem Moderator, der noch einmal in aller Deutlichkeit zeigt, wie egal ihm sein Gegenüber in Lugau ist. Denn statt die Herrn Hertel untergeschobene Frage zu beantworten, übergeht er sie frech, um dann weiter in der Intimsphäre des Bergmanns herumzustochern. Möglicherweise hat Herr Hertel die Reihenfolge der Fragen durcheinandergebracht. Aber selbst ein Fernsehmoderator aus Berlin-Adlershof sollte 1961 bereits in der Lage gewesen sein, auf solche Pannen flexibel zu reagieren. Flexibel ist Wolfgang Stein mit Sicherheit nicht, dafür aber so arrogant, die Herrn Hertel zugewiesene Frage für so läppisch zu erklären, dass man eigentlich schön auch über etwas anderes reden könnte: *Ich glaube, das ist eine Frage, die wir schnell beantworten können, Herr Kramer, aber ich glaube, etwas anderes sollten wir auch noch tun, wir sollten uns nämlich erst nochmal in Lugau bei Hertels ein wenig umsehen. Können Sie uns nicht mal Ihr Haus zeigen? Wie lange wohnen Sie da schon, Frau Hertel?*

Eine Frechheit! Herr Hertel, der sich mit dieser blöden, vorgefertigten Frage, die ihn nicht einmal interessiert, so tapfer gequält hat, wird einfach links liegengelassen. Eigentlich hätte seine Gattin sofort reagieren und den Moderator zurechtweisen müssen, aber das tut sie nicht. Stattdessen gibt sie bereitwillig Auskunft: *Seit 1955 im September/Oktober.* Natürlich gehört zur Disziplinierung des Fernsehzuschauers dessen rabiate Infantilisierung. Auch daran hat sich bis heute nichts geändert. Im Gegenteil. Wolfgang Stein beherrscht dieses Instrument der Demütigung schon recht perfekt. Denn statt sich nun einfach zu erkundigen, wie denn die Adresse der Hertels in Lugau lautet, drückt er seine Frage auf Hilfsschulniveau: *Und wenn Ihnen jemand schreiben will, was muss denn der auf einen Briefumschlag vorne draufschreiben, damit das bei Ihnen ankommt?*

Die Antwort verkneifen wir uns an der Stelle, schließlich könnte es ja sein, dass die Hertels noch heute im selben Haus wohnen. Und selbst wenn es auch nur noch Marion oder Bärbel sind, werden sie sicher nicht gern an jenen Tag des Jahres 1961 erinnert werden wollen, an dem das Fernsehen in ihr Leben einbrach.

Zur Ehrenrettung der Hertels muss man erwähnen, dass sie sich am Ende der Sendung doch noch einmal aufbäumen, Widerstand leisten, dem Apparat trotzen. Vor allem ist es Herr Hertel, der – nachdem er aus Adlershof über Minuten mit selbstverliebten fernsehtechnischen Details bombardiert wurde – den Aufstand probt. Denn auf die Frage des Moderators, ob ihm die Ausführungen genügen oder er noch weitere Erklärungen wünscht, sagt er wörtlich und ganz ohne Stottern: *Nein danke, das reicht.*

Ein Mann, ein Wort, möchte man meinen, doch dann zeigt sich erneut die Arroganz des Mediums im Vorgefühl seiner sich abzeichnenden Macht. Der Moderator ignoriert Hertels Wunsch, sein deutliches «Nein» ist Luft für ihn und für den technischen Direktor, den Kollegen Kramer, erst recht:

Moderator: Na? Können wir auch machen. Bitte.

technischer Direktor: Ich komme an sich dieser Frage, diesem Wunsch, die der – die der Herr Hertel geäußert hat, sehr gerne nach ...

Aber das ist genau die Krux des Fernsehens, es verkauft den Zuschauer für dumm, Wünsche werden erfüllt, die keiner hat, Antworten werden gegeben, wo niemand fragt. Das alles ist hier unter Laborbedingungen in aller Deutlichkeit zu sehen. Video killed the Radio Star. And DFF killed Bergmann Hertel!

SPORT FREI oder
MIT STALINS AUGE
ÜBERM MARKUSPLATZ
zuweilen

fragt man sich schon, ob es nicht gesünder ist, über Sport zu reden, anstatt ihn zu treiben. Nichts gegen ein paar Kniebeugen am offenen Fenster, aber gemeinhin tritt man mit solch einer scheinbar harmlosen Körperertüchtigungsübung bereits in die Bärenfalle. Schnapp – schon knallen die Eisen zu, und plötzlich heißt es nicht mehr Kniebeuge, sondern in schönstem Madonna-Indisch «Bethaks», da dürstet die Wade nach modischen Nike-Stulpen, und der *Musculus gastrocnemius* lechzt nach einer Überdosis Testosteron. Was vorgestern noch Frühsport und gestern Workout war, ist heute hollywoodkompatibles Hiking, Biking, Walking. Der neueste Trend geht von Pontius zum Hamburger Polizeitrainer Josef Pilates. Vielleicht stimmt es, dass Joggen das Leben verlängert – ich vermute aber, nur um genau die Zeitspanne, die man gejoggt ist. Und da kann man eigentlich auch gleich auf dem Sofa sitzen bleiben.

Kurzum, Sport zu treiben ist heutzutage ein kreuzgefährlicher und darüber hinaus identitätsgefährdender Drahtseilakt. Außerdem ist der moderne Sport ohnehin nur eine Unterabteilung der chemischen und der Bekleidungsindustrie. Nun soll hier nicht behauptet werden, dass es Doping nicht auch schon in vorindustriellen Zeiten gegeben hätte. Auf den Fleischmärkten des alten Athen wurden mit schöner Regelmäßigkeit vor Beginn der Olympischen Spiele die Stierhoden knapp, weil die Athleten sie kiloweise und roh als leistungssteigernde Zusatzkost verputzten. Und wer das Pech hatte, im DDR-Kindergarten als potentielle Kugelstoßolympiasiegerin gecastet zu werden, lief schnell Gefahr, mit allen Substanzen geimpft zu werden, die die volkseigene Rinderzüchterapotheke hergab. Der Rest der Ostler wurde mit Schokoladenersatz aus Rinderblut in Form gehalten.

MEDIZIN NACH NOTEN

Trotzdem findet sich ausgerechnet in den Archiven des DDR-Fernsehens ein wunderbares Dokument nichtdeflorierter Körperertüchtigung, Sport in vollendeter jungfräulicher Reinheit.

Es handelt sich dabei um eine Folge der Sendereihe «Medizin nach Noten». Die Sendung lief seit Anfang der sechziger Jahre an jedem Wochentag zum Programmbeginn. Für die jüngeren Leser muss man an dieser Stelle vielleicht darauf hinweisen, dass das Fernsehen damals noch einen Anfang und ein Ende hatte, es gönnte sich noch Pausen und schoss nicht 24 Stunden am Tag aus allen Rohren. Das war auch gar nicht nötig, schließlich gab es Vollbeschäftigung und streng geregelte Arbeitszeiten. Was zur Folge hatte, dass der DDR-Mensch sich in der Regel spätestens werktags um 23 Uhr die Decke über den Kopf zog, weil um 6 Uhr in der Frühe der

Wecker klingelte. Wo heute im Sportfernsehen slowakische Blondinen nackt im Schlamm ringen oder in bulgarischen Vorortstadien über Hürden hüpfen, flimmerte damals ein atemberaubend modernistisches Testbild. Und weil man sich in den verantwortlichen Kreisen der schädlichen Wirkung des Mediums ebenso bewusst war wie der Willensschwäche seiner Untertanen, fing das eigentliche Programm erst nachmittags an. Vorher lief lediglich das sogenannte Schulfernsehen. Wer also blaumachte oder den Besuch seiner sozialistischen Bildungseinrichtung unterließ, weil er hoffte, ein paar schöne Stunden vor dem Fernseher verbringen zu können, wurde bitter enttäuscht. Um 7.55 Uhr gab es Russisch für Klasse 10, um 8.25 Einführung in die sozialistische Produktion für Klasse 7, um 8.50 Geographie für Klasse 9. Im zweiten DDR-Programm zog sich das bis 15.20 Uhr endlos so hin und ging schließlich nahtlos in die obskure und vermutlich quotenschwache Sendung «Für Freunde der russischen Sprache» über. Bildung aus dem Hinterhalt – ahnungslos macht man den Fernseher an, und schwupp! ist man plötzlich klüger, als man will. Blättert man heute in alten DDR-Programmzeitschriften, fragt man sich, wozu es in der DDR überhaupt diplomierte Lehrkräfte gegeben hat. Das Ein- und Ausschalten des Fernsehapparats hätten vermutlich auch der Hausmeister oder die Sekretärin des Schuldirektors geschultert. Und stimmgewaltige Einpeitscher für den Sportunterricht gab es in den Kasernen der Nationalen Volksarmee zuhauf. Ihre Versetzung vom Unteroffizier- in das Turnlehrerkorps wäre niemandem aufgefallen, wohnte doch dem DDR-Sportunterricht ohnehin etwas nicht sehr subtil Militärisches inne. Das fing schon mit der Begrüßung an: Alle Schüler hatten in einer Reihe anzutreten und ihrem Lehrer auf dessen Kommando ein kräftiges «Sport frei!» entgegenzubrüllen. Ein Ritual, das auch die Wende überstand und in

Sachsen und Berlin erst Anfang der neunziger Jahre nur per behördlichem Ukas ausgerottet werden konnte.

Doch zurück zum ersten Programm des DDR-Fernsehens und zur Sendung «Medizin nach Noten». Die begann um 9.15 Uhr, und man kann davon ausgehen, dass dieser Zeitpunkt von Programm- und Volksbildungsbeauftragten nicht unbedacht gewählt war. Offenbar ging man davon aus, dass bis Viertel nach neun auch der störrischste Schulschwänzer entnervt das Handtuch geworfen, den Fernseher ausgeschaltet und sich als reuiger «Zuspätkommer», bei seinem Klassenlehrer gemeldet und so nur die erste Stunde, eine «Politdiskussion» oder eine «Zeitungsschau», verpasst hatte. Was vor dem Fernseher dann noch übrig blieb, waren Mütter im Babyjahr, Alte und Sieche – offensichtlich die eigentliche Zielgruppe von «Medizin nach Noten».

Umso erstaunlicher ist es, dass Harry und Bärbel, die Protagonisten von «Medizin nach Noten», im besten Arbeitnehmeralter vor uns stehen. Der Anblick ihrer vor Kraft und Jugend strotzenden Körper könnte Rentner und Kranke schnell entmutigen, möchte man meinen. Aber schließlich sind wir in der DDR, einem Land, das es mit den von der Natur diktierten Gesetzmäßigkeiten nicht so genau nahm. Wo ein Slogan wie «Überholen ohne einzuholen» zur Maxime politischen Handelns werden konnte, waren natürlich auch körperliche Verfasstheit und Alter nur relativ. Man könnte an dieser Stelle endlos über das Fernsehen an sich philosophieren, über das, was im Fernsehen gesendet wird, und die dem Medium immanente Realität. Und genau das sollte man auch tun, denn Bärbel und Harry leben in unterschiedlichster Verkleidung auf dem Bildschirm bis heute fort und zwingen noch immer nicht nur sich selbst, sondern auch alle vermeintliche Vernunft in die Knie.

Jean Baudrillard, der 2007 verstorbene französische Soziologe und Philosoph der Postmoderne, hat gut zehn Jahre vor seinem Tod behauptet, alles ginge, nichts gelte; alles sei Simulation, die Geschichte sei zu Ende, das Jahr 2000 fände nicht statt. Das kann man heute natürlich nur mit mildem Staunen zur Kenntnis nehmen. Aber damals klang das durchaus bedenkenswert, und so kam es, dass Baudrillard zu Vorlesungen nach Neuseeland eingeladen wurde, um dann dort vor Ärzten, die im Kuwaitkrieg gewesen waren, die beherzte These zu vertreten, dass der ganze Kuwaitkrieg, also der erste Golfkrieg, eigentlich nur im Fernsehen stattgefunden habe. Baudrillard meinte – Saddam Hussein hin oder her –, das Ganze sei nichts weiter als eine gigantische Simulation gewesen, die nur auf Computerbildern basiert habe. In gewisser Weise hatte er damit ja recht: Es gab keine klassische Kriegsrealität mehr – ähnlich wie im Kosovo- oder Afghanistankrieg; die Rakete fliegt über den Bildschirm, und wenn es knackt und es eine Bildstörung gibt, ist entweder der Fernseher kaputt, oder man weiß, sie ist eingeschlagen. Nur wo, weiß man nicht so genau. Und die, die sie losgeschickt haben, wissen es auch nicht. Das heißt dann zwar Kollateralschaden, meint aber eher kollateral als Schaden. Spätestens hier dreht man sich suchend um und fragt sich, wo ist jetzt eigentlich die Realität hin? Insgesamt also auf jeden Fall eine These, die man verteidigen und durchaus auch vertreten kann. Nur vielleicht nicht gerade vor Medizinern, die in Kuwait im Einsatz waren. Die reagieren auf derartiges Reden verständlicherweise mit heftiger Empörung. Schließlich waren sie selbst dort, haben die Toten und Verwundeten mit eigenen Augen gesehen und versucht, ihnen zu helfen! Von diesen ephemeren Einwänden ließ sich Baudrillard jedoch nicht beirren und entgegnete nur forsch, sie hätten wohl zu viel ferngesehen. Woraufhin sich die Ärzte natürlich noch mehr empörten. Das Lehrreiche dieser

Anekdote ist, dass beide Positionen durchaus richtig sind: die der Ärzte, die leibhaftig dabei waren, andererseits auch die Baudrillards. Das macht eben interessante Gedanken aus; sie stimmen, aber ihr Gegenteil stimmt auch. Und schon fängt man an nachzudenken. Alles andere ist nur mehrheitsgesichertes Konsenswissen.

Es ist eine der Grunderkenntnisse nach mehr als zehn Jahren Arbeit am Videoschnipsel: Das Fernsehen erzeugt die eigentliche Wirklichkeit, ist die Quelle des Realen. Die «wirkliche» Wirklichkeit ist ein nur abgeleitetes, nachrangiges Phänomen. Die Realität konstruiert und konstituiert sich aus dem Fernsehen heraus. Wo Faust sich zwischen Wort und Tat nicht entscheiden mochte, kann man heute mit Fug und Recht sagen: «Am Anfang war das Fernsehbild.» Nach sechs Tagen schaltete Gott seinen Fernseher aus und, siehe da – er war zufrieden. Von daher bin ich Baudrillardianer und Kuwaitarzt zugleich. Diese wachsam-heitere Schizophrenie scheint mir jedenfalls ein guter Ausgangspunkt zu sein, fernzusehen. Man sollte tatsächlich auf der Hut sein, wenn man fernsieht. Auch und gerade, wenn es sich um eine so harmlos scheinende Sendung wie «Medizin nach Noten» und so vertrauenerweckende Akteure wie Harry und Bärbel handelt. Wenn man nämlich genau hinschaut, entdeckt man auch hier Dinge, die alle «Realität» in Frage stellen. So stößt man beispielsweise auf ein sehr seltsames szenographisches Moment: Die Übungen sollen, so suggeriert es das Fernsehbild, im Wohnzimmer stattfinden. Oberflächlich betrachtet, trifft das auch zu. Bei eingehender Betrachtung finden sich aber jede Menge Hinweise darauf, dass dieses vermeintliche Wohnzimmer nur eine Kulisse ist. Das kann hier nicht befriedigend geklärt werden, aber wenn man erst einmal ein Bewusstsein dafür entwickelt hat, erkennt man, dass man es mit einem Widerspruch zu tun hat, der einen umtreiben und nicht mehr schlafen lassen sollte und der an den scholastischen Universalienstreit zwischen Nominalismus und Kulissismus erinnert. Man sieht ein Zimmer, sieht im Hintergrund einen Schrank: Links und rechts hat er Türen und Schubfächer, unten vier und ganz oben – in unerreichbarer Höhe – noch einmal vier. Das spottet jeder Funktionalität, befriedigt aber unsere Sehnsucht nach Symmetrie, nach Ordnung. Die Form hat hier den Zweck in die Knie gezwungen. Ist das nun ein Studio, oder ist das die Wohnung eines durchgeknallten Symmetrikers? Der Blick schweift weiter und bleibt am textilen Fußbodenbelag hängen, der leichte Wellen schlägt. Handelt es sich hier um eine Achtlosigkeit, die einer normalen, belebten Wohnung gut zu Gesicht stünde? Oder haben wir es mit einem von arbeitsunwilligen Requisiteuren schlampig ausgerollten Studiobelag zu tun? Es spricht alles dafür, dass wir eine Kulisse sehen, es spricht aber auch alles dafür, dass es sich um eine richtige Wohnung handelt! Wenn dann die Kamera umschwenkt, sieht man, dass die Wand nicht glatt ist, sondern einen kleinen Absatz hat. Eine etwa zehn Zentimeter breite Vertiefung, die vermuten lässt, dass sich dahinter eine Esse verbergen könnte. So einen Schornsteinzug im Studio herzustellen macht natürlich viel Mühe und wenig Sinn. Schließlich könnte man ja auch einfach eine gerade Wand hinstellen. Andererseits würde das der Dekoration auch den letzten Beweis der Authentizität verleihen, könnte also auch eine gut durchdachte Designidee sein. Je schärfer man hinschaut, desto unschärfer wird das Bild.

Es soll niemand mehr sagen, dass das DDR-Fernsehen nicht raffiniert gewesen sei! Es war raffiniert, nur eben nicht dort, wo man es sich hin und wieder gewünscht hätte. «Der Text ist mein Zuhause», sang 1989 die Hamburger Band «Kolossale Jugend» – im DDR-Fernsehen gilt die Umkehrung: Das Zuhause von Harry und Bärbel ist ein Text, der

Die Scheintiefe des DDR-Fernsehens

gelesen werden will, aber selbst als gelesener unverständlich oder zumindest rätselhaft bleiben muss. Die DDR und insbesondere ihre Selbstdarstellung war eine große, bei weitem nicht ausinterpretierte szenographische Fiktion! Wenn Gottfried Benn von großen Gedichten sagt, dass sie «immer dunkel bleiben müssen» und «dass man tagelang drüber nachdenken kann und doch nichts daraus (erfährt)», dann gilt das auch hier: Mallarmé, Paul Valéry, Hölderlin, DDR-Fernsehen. Schön anzuschauen ist auch der Bildaufbau im Allgemeinen – wenngleich er kaum zur Klärung des Sachverhaltes beiträgt. Im Hintergrund sieht man logischerweise die Wohnung, im Mittelgrund das turnende Pärchen. Fehlt noch ein Vordergrund. Wir kennen das von Urlaubspostkarten: Ein Blick ins Tal, auf das Eisenbahnkreuz von Doberlug-Kirchhain oder die Berge von Hannover, und vor der Kamera baumelt – vom Fotografen arrangiert – ein blühender Kirschzweig und verleiht der Komposition Tiefe. Ein ähnlicher Versuch wurde auch von den Schöpfern von «Medizin nach Noten» unternommen, nur scheitert er hier leider komplett: Denn statt mit Kirschblüten wartet man in dieser TV-Inszenierung mit drei Kunstnelken auf. Das könnte man natürlich als einen weiteren Verweis auf eine Studiodekoration lesen, wüsste man nicht, dass das DDR-Fernsehen ökonomisch durchaus potent genug war, dem Publikum echte Blumen oder Kirschzweige aufzutischen. Andererseits könnte diese Folge von «Medizin nach Noten» auch im Winter ausgestrahlt worden sein. Dann nämlich wäre die Verwendung von Kunstblumen Staatsräson und politisch zwingend gewesen. Schließlich wuchsen im Winter in der DDR keine Blumen, für tropische Importe fehlten der Wille und die Devisen und für große Gewächshäuser die Heizmaterialien. Wer im Februar in ein DDR-Blumengeschäft ging, konnte bestenfalls einen frischen, hochsubventionierten Tannenzapfen kaufen oder eben Kunstblumen. Harry und Bärbel in der kalten Jahreszeit einen echten Rosenstrauß ins Zimmer zu stellen hätte das Fernsehpublikum zu Recht als schallende Ohrfeige empfunden. Unruhe, Ausreiseanträge, höfliche Schreiben an die Partei- und Staatsführung wären unter Umständen die Folge gewesen. Ähnlich saisonale Existenz fristeten Bananen, Apfelsinen und Tomatenketchup, während Sanddornsaft, Lungenhaschee und Grünkohl im Glas von revoltenverhindernd-flächendeckender und allzeitiger Verfügbarkeit waren. Bei «Medizin nach Noten» sollen aber nun nicht Lungenhaschee oder Kohlblätter im Glas, sondern drei Kunstnelken in einer Vase den Vordergrund ausfüllen. Gerade das gelingt ihnen nicht – dafür hat man sie einfach zu weit nach links gestellt. Die Absicht, ein tiefengestaffeltes Bild herzustellen, ist zwar zu erkennen, aber ein Wille allein macht noch keinen Vordergrund. Man kann diesen Fauxpas entweder als DDR-typisch resignierend zur Kenntnis nehmen oder aber als einen geschickten Schachzug des Bühnenbildners lesen, der ihm die Aufmerksamkeit des kundigen Zuschauers sichert. Denn natürlich fragt man sich, warum der Mann trotz eines fünfjährigen Bühnenbildstudiums nicht in der Lage sein sollte, die Blumen einfach nach vorne zu schieben. Und man liegt vielleicht nicht falsch, wenn man darin einen Vorsatz erkennen wollte – den subversiven Akt eines dem Höheren, der Kunst! und dem Theater! verpflichteten Lakaien des Fernsehens, der sich gegen das Medium an sich richtet, der zeigen will, dass es dem Fernsehen grundsätzlich an Tiefe, grade auch geistiger Tiefe, fehlt. Und möglicherweise sogar der DDR selbst, denn vielleicht war der Mann Dissident und will uns hier auf subtile Art mit an den Rand geschobenen Kunstnelken und Adorno sagen: Es gibt kein richtiges Leben im falschen!

Doch nun zum Sport selbst, der uns hier in schönster biblischer oder aber hegelsch-dialektischer Trinität seine Aufwartung macht: Stuhl, Schrank, Partner. (Einschränkend sei bemerkt, dass es mir hier auch nicht leichtfällt, die eben aufgestellte Trinitätsbehauptung fundiert zu belegen; von Stuhl zu Partner, These, Antithese, Synthese, Dreifaltigkeit – wie das aussehen soll, weiß ich auch nicht! Aber, wie der alte Schüttelreim schon sagt, es ist nicht leicht, von Kant zu Hegeln, so mit der linken Hand zu kegeln. Jedenfalls sollte die philosophische Trinitätspotentialität hier nicht verschwiegen werden. Vielleicht hilft ja auch Lacan weiter!) Harry und Bärbel jedenfalls unterziehen sich hier simplen Partnerschaftsübungen. Als Erstes steigen sie immer abwechselnd auf einen Stuhl, mal mit dem einen Bein, mal mit dem anderen. Und man fragt sich sofort, warum bloß auf den Stuhl, warum nicht – Höchstleistungen war die DDR ja nicht abhold! – auf den Tisch, den Schrank oder noch höher?! Da der Osten aber nur über Mittelgebirge verfügte, schien es wohl gefährlich, im Wohnzimmer eine unnötiges Fernweh weckende Alpensituation nachzustellen. Und so erscheint hier die triste geographische DDR-Realität im durchsichtigen Gewand des Hobbysports. Alltäglichster Realität verpflichtet, fern allen unglaubwürdigen bungeejumpenden Extremen. Schön!

Die beiden werden vom Trainer aufgefordert, sich gegenseitig an den Händen zu fassen, das sei nicht nur praktisch, sondern zwinge den Partner auch zum Tempohalten. Obwohl eigentlich gar kein Grund besteht, das Tempo zu halten, wird hier aus Ansagerzwang unmerklich Selbstzwang. Das Zwingen wird sogar betont, und so kann man sich freuen, im harmlosesten Frühsport eine pyramidal-autoritär strukturierte Gesellschaft erkennen zu können, die Kollektivität verlangt, insbesondere unten.

Einen weiteren Beleg allgegenwärtiger Fürsorglichkeit stellt der einer gewissen Originalität nicht entbehrende Hinweis dar, doch bitte das Atmen nicht zu vergessen. Ein Tipp, der bei einer so komplizierten und alle Aufmerksamkeit absorbierenden Übung wie dem Beinkreisen dem Trainer offensichtlich unerlässlich erscheint: *Die Beine werden im Sitz gestreckt, und wir beginnen mit einem kreisförmigen Umeinanderführen der Beine. Ich darf bitten. Und die Kreise groß und ausführlich beschreiben. Weit und hoch. Und schön ausschwingen. Nicht das Atmen dabei vergessen. Einatmen, ausatmen. Danke schön!*

Das Atmen nicht vergessen! Wichtig! Ein herzensguter Rat, der mir hier nach über dreißig Jahren zum ersten Mal wiederbegegnet ist. Das erste Mal habe ich ihn in der Armee als Witz gehört:

«Der Unteroffizier übt mit den Soldaten atmen: ‹Einatmen, ausatmen, einatmen, ausatmen, ein, aus …›, und dann der rücksichtsvolle Befehl: ‹Und jetzt 10 Minuten Pause! Weggetreten!›» Das ist Planwirtschaft, Planpolitik, Plankultur, Plansport, Planleben. Man kann nur hoffen, dass im Fünfjahresplan genug Atem bilanziert ist.

Dieses vielleicht arglose, sicher aber unbedarfte Bemühen, alles, was passiert oder auch nur passieren könnte, zu kontrollieren, war charakteristisch für die DDR. Kompletter Irrsinn und höchste Naivität gingen als Pärchen Hand in Hand und zwangen sich, das Tempo zu halten. Fürsorglichkeit einerseits: Bitte, bitte, vergesst das Atmen nicht! Andererseits: Warum ihr atmen sollt, hat euch nicht zu interessieren, es muss reichen, wenn ich es euch sage, ich weiß schließlich, was gut für euch ist! Selbst die elementarsten Lebensäußerungen dürfen nicht aus dem Auge verloren werden, sollen nach Möglichkeit rational begründet, aufmerksam kontrolliert und weitsichtig geplant werden. Ein Anspruch, der bei so elementar-profanen Lebensäußerungen wie Atmung, Geschlechtsverkehr oder Nasenbluten leider immer wieder versagen musste. Das notwendige Scheitern war sicher nicht geplant, umso sicherer aber programmiert. «Schon wieder beide Beine ab!», lautet das erstaunte Resümee in den Worten Thomas Kapielskis.

Auch die Kleidung und Aufmachung der beiden Sportler sind durchaus interpretationsheischend. Viele Sachen, bis hin zu Harrys Koteletten, erscheinen heute wieder zeitgemäß und modern, einzig seine Skihose mit Gummiband, die in jeder Situation straff sitzt, hat seltsamerweise in unserem postmodernen Modezeitalter des «anything goes» noch keine Wiederentdeckung erfahren. Das wundert mich wirklich. Kennt der Wille zu allerhippster Modizität und zu Anders-als-die-andern-sein-oder-wenigstens-aussehen-Wollen doch sonst keinerlei Grenzen – wovor nur schreckt heutiges Fashionabilitätsbewusstsein angesichts einer gummibebandeten Skihose zurück?! Fragend schaut man in den Ost-Fernseher – der jedoch schaut noch viel, viel fragender zurück. «Da kann man tagelang drüber nachdenken ...» (klangsprachlich korrekt heißt es bei Benn übrigens «tarelang»).

Am Ende ihrer Übungen verlassen die beiden den Raum, das schön drapierte Wohnzimmer ist leer, aber nicht ohne Bedeutung. Zehn Jahre bevor der Staatsratsvorsitzende der DDR und Generalsekretär des Zentralkomitees der SED Genosse Erich Honecker verkünden wird, dass 1990 das Wohnungsproblem als soziales Problem in der DDR gelöst

sein würde (übrigens eine der wenigen Vorhersagen Hone-
ckers, die tatsächlich eingetroffen ist!), blitzt hier der Traum
vom Habitat satt auf: Raum im Überfluss. Erneut einer jener
antizipatorischen Momente, wie sie nur das frühe Fernsehen
zu bieten hat.

FETT STÖRT BEIM POSEN

Nach dieser durch und durch inhaltsreichen, aber gänzlich
drogenfreien DDR-Heimgymnastik soll unser Blick west-
wärts wandern. Denn natürlich darf, wenn es hier schon um
Sport geht, das Thema Doping nicht umschifft werden. Und
es spricht für das Problembewusstsein des öffentlich-rechtlichen Journalismus, dass man sich beim Sender Freies Berlin
bereits in den frühen Achtzigern des letzten Jahrhunderts
dieser heiklen Materie widmete. Freilich, noch nimmt man
es beim SFB heiter, noch watet man mit Augenzwinkern im
stinkenden Sumpf des Medikamentenmissbrauchs herum.
Daran lässt schon die Anmoderation des Beitrags keinen
Zweifel. Ein rundlicher Herr brilliert mit einer putzigen Alliteration: *Kennen Sie Sabine Karrau? Sicherlich ist sie nur
wenigen ein Begriff, sie ist Berlins beste ... – na? Berlins
beste Bodybuilderin.*

Schade, dass die Frau nicht Brigitte Bardot, Betriebs Berater
oder Bertolt Brecht heißt, aber einmal im Bild, vermag sie
trotzdem zu überzeugen. Sofort ist das Doppelkinn des
Ansagers vergessen, ist alles überschüssige Fett auf dem
Bildschirm verschwunden. *Fett stört beim Posen,* heißt
es übermütig im Off-Kommentar, der sich dann in wahre
Fett-Philosophie hineinsteigert, um schließlich bei Beuys
zu enden und uns Berlins beste Bodybuilderin als fettfreie
soziale Plastik zu verkaufen.

Heutzutage stört Fett nicht nur beim Posen, sondern ist rundum negativ besetzt, ein Hass- und Ekelbegriff. Nicht im Sinne eines Tabus, aber als ein Begriff, der höchst negative Emotionen auslöst, schlimmer als ein schmutziger Stock im Auge! Dieses Verschwinden des Eigentlichen nahm damals seinen Anfang: Butter ohne Fett, Bier ohne Alkohol, Kneipen ohne Rauch, Zigaretten ohne Krebs, Körper ohne Haare, Krieg ohne Gewalt, Menschen ohne Arbeit – und alles andere ohne Sinn und Verstand!

Bodybuilding muss ja zu den dekadenten Spätprodukten des Sports gerechnet werden, der sich zum einen in Richtung einer vermeintlichen Ästhetisierung, zum anderen hin zu einer fordistischen Quantifizierung entwickelt hat, wo Zehntelsekunden und Millimeter über Erfolg und Misserfolg entscheiden. Auch der Sport muss sich nachrechnen lassen. Rechnet sich nicht? Dann ist es vielleicht schön oder Spaß, aber Sport ist es nicht. Bizeps zu Trizeps, Waschbretter zu Bäuchen! Mehr ist besser als viel!
Das schamanenhaft-spielerische Element ist völlig verschwunden, die Oberfläche dominiert, das Ideal terrorisiert den Körper. Selbstbeherrschung wird zum Eigenwert.
Dieser Ästhetisierungswahn betrifft sowohl den Körper selbst, wie beim Bodybuilden, als auch das Körperversteck, die Kleidung; hier die Sportbekleidung, die ja im Normalfall den natürlichen, eher unsportlichen Durchschnittskörper verhüllen und versporten soll. Die Adidasierung und Sonnenstudiofizierung des Menschen setzt ein. Silikon, Botox, Enthaarung! Wo Opa seinen Granatsplitter hatte, haben junge Menschen heute Tattoos.
Auch Sabine Karrau errichtet ein derart gnadenloses Regime über ihren Körper, dass man gar nicht hinschauen möchte. Und sie schwärmt im Westfernsehen offen und mit einer Un-

beschwertheit vom Dopen, dass man sich nur wundern kann, wie dreist heute Ahnungslosigkeit in Bezug auf gedopte Zonen- und Radsportler vorgetäuscht werden kann.

Aber warum eigentlich Bodybuilding? Wo kommt das her, ist hier einfach nur ein Übermaß an klassisch-gymnasialer Bildung am Werke? Das Land der Griechen mit dem Steuerfachgehilfinnen-Körper suchend?

Der Kommentartext hilft nicht weiter: *Bis zur nächsten Meisterschaft haben die Muskeln in Hochform zu sein. Die Expertin in Sachen Kräftemessen ist auch als Steuerfachgehilfin firm, aber nach Feierabend steht für die Zweiundzwanzigjährige viel harte Arbeit an. Gezielt geht sie vor, um Muskelmasse aufzubauen, denn die Berliner Meisterin will sich auch bundesweit behaupten.*

Steuerfachfrau von hinten

Eine junge Frau wird also plötzlich von dem Wunsch beseelt, wie die Zeusfigur des Pergamonaltars aussehen zu wollen. Da könnte man als männlicher heterosexueller Laie denken, dass das für eine Frau so praktisch nicht ist. Aber selbst wenn es sich um einen Mann handelte, wüsste man gern, warum jemand, der als Steuerfachgehilfe arbeitet, äußerlich in die Rolle des Gottvaters Zeus schlüpfen möchte. Sabine Karrau kommt zwar zu Wort, doch über ihre Motivation erfahren wir nichts – dafür umso mehr über die Mühe, die es ihr bereitet, ihren Körper in eine maskuline, hellenistische Götterform zu zwingen: *Ziemlich stressig ... halt, na ja, es ist alles auf das Training ausgerichtet. Das fängt morgens um halb sechs an: raus aus dem*

Bett, rein in die Trainingssachen, runter, laufen; nach dem Laufen hoch, zur Arbeit, acht Stunden arbeiten. Ja, dann bin ich um fünf zu Hause, schnapp mir meine Trainingssachen, und dann geh ich mit meinem Freund zum Training. Dann trainieren wir so circa drei Stunden, und danach muss ich halt noch das Posen üben, das ist ja eigentlich das Wichtigste, sich darstellen können auf der Bühne zur Musik; üben wir das noch ungefähr eine Stunde, ja, und dann Solarium halt noch jeden Tag eine halbe Stunde bis Stunde ...

Posen – nicht zu verwechseln mit der gleichnamigen polnischen Großstadt – ist ja eine Grundübung der «freien Marktwirtschaft»: Wer sich oder etwas verkaufen will, muss posen können. Bei der jungen Steuerfachgehilfin hat sich allerdings das Posen längst von seinem eigentlichen Zweck getrennt. Sabine Karrau hat den Perfektionsanspruch so verinnerlicht, dass sie dabei nicht nur ihre Gesundheit ruiniert, sondern auch noch alle marktwirtschaftlichen Parameter außer Acht lässt, wie uns die Kommentarstimme erklärt: *Ein wöchentliches Training von 12 – 16 Stunden erzeugt einen ebenmäßigen Körper, auch die Nahrung bringt in Form. Diät ist angesagt und ein Quantum an Eiweiß. Anstatt riesige Steaks zu kauen, ist es einfacher, Proteinkonzentrate zu schlucken, der Nährwert ist der gleiche. Vitamine und Spurenelemente ergänzen das Ernährungsprogramm. Ein materieller Anreiz für Meisterschaften besteht kaum. Kleinere Geldpreise um die 200 DM, Gutscheine für Kraftnahrung und Trainingszubehör sind die Regel und decken nicht einmal die Ausgaben.*

Diese Art der Kriegsführung gegen den eigenen Körper ist ökonomisch ein Minusgeschäft! Aber anscheinend wohnt diesem fragwürdigen Hobby ein so großer Lustgewinn inne, dass es keiner äußerlichen Bestätigung, keines Lohnes mehr bedarf. Die eigentlich genuin kapitalistische Verhaltensweise tarnt sich hier so perfide, dass sie selbst für das kapitalismus-

geschulte Auge nur noch schwer zu erkennen ist. Denn
Frau Karrau gibt, so erfahren wir, mehr Geld für das Posen
aus, als sie einnimmt. An dieser Stelle bricht dann auch der
Fernsehbeitrag resigniert ab und lässt uns mit diesem Widerspruch, in dem der eigene Körper als mit einer Wehrmacht zu
besetzendes polnisches Posen begriffen wird, allein.

ORNAMENT, FRAU UND VERBRECHEN

Jetzt aber weg von der selbstzerstörerischen, individualsport-
lichen Seite der Körperertüchtigung hin zum sportlichen
Massenerlebnis und 2000 tollen Frauen, die nicht Zeus sein
wollen, sondern einfach mit aphroditischer Freude am Werk
sind. Ort des Geschehens ist das Leipziger Zentralstadion. Mit
annähernd 100 000 Sitzplätzen war es die größte Sportarena
der DDR – ein historisch aufgeladener Fleck: Im Dritten
Reich befand sich hier ein Aufmarschplatz, das sogenannte
Adolf-Hitler-Feld. Nach dem Krieg lud man dann am selben
Ort die Trümmer der von englischen und amerikanischen
Bomben zerstörten Messestadt ab und baute schließlich zwischen 1954 und 1956 ebenjenes Zentralstadion, in dem sich
gut zwanzig Jahre später die Blüte der ostdeutschen Frauen-
welt würfelschwingend zu einem bezaubernden Ornament
vereint. Anlass ist die sogenannte Kinder- und Jugendsparta-
kiade, ein regelmäßig durchgeführtes Amateursport-Massen-
spektakel, das natürlich im Fernsehen in voller Länge und
live übertragen wurde – eine frühe ostdeutsche Variante der
Loveparade oder des Kölner Karnevals also.
Der aus dem Russischen übernommene Begriff «Spartakiade»
setzt sich zusammen aus «Olympiade» und «Spartakus»,
dem Anführer des gleichnamigen Sklavenaufstands, nach

dem dann wieder die Vorgängerorganisation der KPD, der Spartakusbund, benannt wurde. Sachlich, atmosphärisch und volksetymologisch aber liegt der Verweis auf Sparta näher, auf das militärstaatliche Gegenbild zum demokratischen Athen. Auch wenn der Vergleich historisch vielleicht ein wenig hinkt – aber wie man am blutbefleckten Kittel die Hilfsbereitschaft des Sanitäters erkennt, so erkennt man am Hinken den bedingungslosen Einsatz des Sportlers beziehungsweise des Vergleichs –, also, auch wenn der Vergleich hinkt, könnte man das Verhältnis von Athen und Sparta auch mit dem Verhältnis zwischen der Bundesrepublik und der DDR vergleichen. Auf jeden Fall gibt es hinkendere Vergleiche.

Das eigentümliche Phänomen solcher Kollektivereignisse ist ja, dass nicht nur kollektiv Sport getrieben wird, sondern dass auch Zuschauer anwesend sind, die sich das anschauen sollen. Dadurch entsteht eine doppelte Perspektive: Den aktiven Teilnehmern macht es Spaß, herumzutanzen – die erfreuen sich daran, sich selbst zu erfahren. Und zwar alle. Anders die Zuschauer, denn um diese zentralperspektivische Inszenierung angemessen genießen zu können, gibt es eigentlich nur einen Platz: den des Königs. Nur der sieht alles, und nur auf seine Perspektive sind die Proportionen, Fluchtlinien und Symmetrien ausgelegt. Dadurch wohnt der Veranstaltung etwas grundsätzlich Stalinistisches inne; der König ist der Einzige, der einen guten Blick hat und das große Ganze erkennen kann. Was im Nachhinein die Könige mit dem nicht zu widerlegenden Argument ausstattet, dass sie schließlich die Einzigen mit dem Blick fürs große Ganze seien. Ein spartakistischer Teufelskreis.

Andererseits könnte man das dargebotene Schauspiel natürlich auch – und das wäre ein Rückgriff auf die Frühzeit, auf die unkörperliche, eher rituelle, darstellerische Seite des

Sports – als ein Gemein-
schaftserlebnis des Publikums interpretieren, als
Theater: Eine Gesellschaft
schaut sich selbst an
und findet sich dufte, ist
versöhnt mit sich selbst.
Wenn man die Ornamen-
te betrachtet, großartige,
tolle, aus 2000 anmuti-
gen werktätigen Frauen-
körpern und seltsamen

Spartakistinnen mit Umzugskartons

Umzugskartons gebildete Muster, fällt einem natürlich gleich
Siegfried Kracauer ein: das «Ornament der Masse» oder Adolf
Loos' «Ornament und Verbrechen»: *Kein Ornament kann
heute mehr geschaffen werden von einem, der auf unserer
Kulturstufe lebt.*
Stimmt nicht, Herr Loos, konnte schon, und zwar in Leipzig!
Es wäre ein geistiger Kurzschluss, ein blinder, erfahrungs-
loser Blick, in der DDR nur eine vormoderne, spartanische
Knastgesellschaft zu sehen und die Spartakiade für Körper-
ertüchtigung beim Hofgang zu halten. Es geht um mehr.
In Afrika haben Ethnologen einen Stamm gefunden, der
wunderbare Holzlöffel herstellte. Die Forscher wunderten
sich nur, dass in den geschnitzten Holzlöffeln eine Schraube
mit einem Schlitz hineingeschnitzt war, die aber keinerlei
Funktion hatte. Des Rätsels Lösung bestand darin, dass in
der Nähe vor langer Zeit ein Pilot mit seinem Flieger abge-
stürzt war und mit ihm ein Löffel, der in der Mitte von einer
Schraube zusammengehalten wurde, nachdem er offenbar
zerbrochen war. Die Eingeborenen fanden Gefallen an dem
Löffel und wollten auch nicht länger mit den Händen essen.
Deshalb schnitzten sie sich auch solche Löffel, gingen aber

davon aus, dass die Schraube zu diesem Löffel gehörte, und übernahmen sie. So überdauerte die Schraube als ornamentales Element die Generationen. Ist dieses Schlitzschrauben-Zitat im Holzlöffel vielleicht der Schlüssel zur Entzifferung der Leipziger Spartakiade-Muster?

Ornamente sind die Narben einer untergegangenen Produktionsweise, ergänzt Adorno. Die Tradition als Zierrat. Die getragen aussehenden Jeans, die den Hosenträger von der erniedrigenden und längst obsoleten Pflicht befreien, seine Hosen selber so lange zu tragen, bis sie getragen aussehen. Die Geschichte versteckt sich in einer mit Steinen gefüllten Jeans-Waschmaschine und erhebt nur noch als Ornament ihr Haupt.

Wenn man diesen Gedankengang nun auf die DDR anwendet, kennt man natürlich die untergegangene Produktionsweise, muss aber angesichts dieser Spartakiade-Bilder staunend zur Kenntnis nehmen, dass in diesen Ornamenten – fünfzehn Jahre *vor* dem Untergang dieses Staates – dieser schon ornamental nach- beziehungsweise vorgetanzt wurde. Das ist der realsozialistische Zusammenhang von Ornament und Masse, aber es gibt natürlich auch eine kapitalistische Variante.

In Wolfgang Fritz Haugs «Kritik der Warenästhetik» findet sich ein faszinierendes Foto: der Markusplatz, auf dem Tausende von Tauben den Coca-Cola-Schriftzug nachbilden. Eine geniale Idee, diesen Schriftzug als Taubenfutter auszustreuen. Diesen Tauben, die nicht wissen, was sie tun, geht es wie den Bakterien, die in der Flasche sitzen und sich nach dem Sinn ihres Lebens fragen. Sie räsonieren, erörtern, spekulieren, finden aber keine Antwort. Der Winzer aber schüttelt den Gärkolben und weiß, sie produzieren darin Alkohol, der Sinn des Hefebakterien-Lebens erschließt sich dem Winzer, die Antwort findet sich auf einer höheren Ebene. So wissen die Tauben eben nicht, dass sie für Coca-Cola

Werbung machen, während sie glauben, schön zu fressen.
Aus genau diesem Grunde rauchte ich lange Zeit Zigaretten
der Marke «West»: Kurz nach Maueröffnung stand in Kreuz-
berg so ein Laster, dessen Planen überall mit dem West-Logo
bedruckt waren und von dem unentwegt Zigarettenpackun-
gen ins vornehmlich ostdeutsche Publikum geworfen wurden. Und während sich die Ostler um die West-Schachteln
balgten, kreiste über der ganzen Szenerie ein filmender Hubschrauber, der offensichtlich die unwiderstehliche Attraktivi-
tät des Westens dokumentierte. Bedauernswert finde ich, dass
die daraus nie ein Werbeplakat gemacht haben: Ost – West!
Sieht gut aus und stimmt! Dieser kapitalistische Realismus
und politisch präzise Zynismus haben mich jedenfalls so
beeindruckt, dass ich solidarischerweise offen bekennender
West-Raucher wurde. Na ja, nicht ganz. Einschränkend muss
ich bekennen, wohl meiner Herkunft und verschiedenen
politischen Überzeugungen geschuldet: West-light-Raucher!
Ein Mehr an neu-staatsbürgerlichem Bekenntnis konnte und
wollte ich mir denn doch nicht abringen. Immerhin hatte
ich, wie im Übrigen jeder, der in der Nationalen Volksarmee
seinen Wehrdienst ableistete, einen Eid geschworen! Nicht
zur Verteidigung der DDR zwar, aber immerhin zur Verteidigung des Sozialismus. Insofern wäre ich mir verlogen vor-
gekommen, gänzlich unbeschwert West zu rauchen – was die
Light-Variante betrifft, hatte ich nicht das Gefühl, eidbrüchig
geworden zu sein.
Als Resümee bleibt auch unter ornamentalem Gesichtspunkt
nur die quälende Wahl zwischen aphrodisischem Stalinismus
und krebs- und impotenzfördernder Demokratie …

TASCHENGELD UND SEKTVERKOSTUNG
oder WARUM GOTT NUR IN DER SCHWEIZ EINEN DIEB VOR DIE FERNSEHKAMERA SETZT

geld zu haben
ist nicht unbedingt ein Kinderwunsch. Vielleicht ist das
heute anders; als ich aber noch kurze Hosen trug, hatte man
andere Träume. Ich wollte Polizist, Kosmonaut oder Indianer
werden – das klappte aber auch nicht. Was mich dennoch
nicht daran hindert, hin und wieder öffentlich über das
Weltall, Derrick oder ethnische Säuberungen nachzudenken
und öffentlich meine Stimme zu erheben. Beim Geld ist das
anders, da hatte ich lange Zeit Hemmungen. Ein Blick auf
die Kontoauszüge genügte mir, um zu wissen: Davon hast
du keine Ahnung, auf diesem Feld bist du kein Experte. Aber
dann – was ich nicht weiß, macht mich heiß – dachte ich
mir: Haha, lies doch mal nach!
Und siehe da, gerade die großen Geld-Denker zeichnen

sich dadurch aus, dass sie ihr Geld nicht zusammenhalten können. Marx, der im «Kapital» nicht nur über das Geld an sich, sondern gleich auch noch über die ihm innewohnende Kraft nachdenkt, muss regelmäßig seinen Freund Engels anpumpen. Dem nicht minder großen deutschen Philosophen Georg Simmel ging es ähnlich – nur dass der keinen reichen Freund hatte. So musste er an der Humboldt-Universität eine außerordentliche Professur annehmen. Wobei das Außerordentliche darin bestand, dass man Simmel ein ordentliches Honorar verwehrte und der arme Mann nach jeder Vorlesung mit dem Hut durchs Auditorium rennen musste, um sich wenigstens eine Flasche Wein auf den Schreibtisch stellen zu können, wenn er abends über die Magie des Mammons nachdachte. «Indem es als absolutes Mittel zu einem absoluten Zweck werde», so Simmel, «wird Geld zu Gott.» Nachlesen kann man diesen weisen Gedanken in Simmels 1900 erschienenem Hauptwerk «Die Philosophie des Geldes», in dem er auch darüber klagt, dass «die Banken inzwischen größer und mächtiger als die Kirchen» und zum «Mittelpunkt der Städte» geworden sind. Aber dazu später. Jetzt geht es erst einmal um das Geld an sich und mein Recht, mich angesichts dieser biographischen Parallelen zu diesem illustren Expertenduo zu gesellen. In diese Reihe stelle ich mich nämlich gerne: drei merkantile Loser, die ihren Geldunterschuss durch Redeüberschuss kompensieren.

So hinreichend legitimiert, möchte ich mit einer eher allgemeineren Einführung beginnen, die uns in gewisser Weise wieder zurückführt zu Freud – also Geld, Geiz, Reinlichkeit und anale Phase. Und damit es nicht gleich ganz eklig wird, blicken wir erst einmal in eine «a-anale» Gesellschaft, in der Geld keine zentrale Rolle spielte: die DDR.

Anfänglich gab es dort natürlich noch vage Erinnerungen an Geld. In den späten vierziger und frühen fünfziger Jahren wussten auch die Ostdeutschen noch, dass Geld eine Funktion hat oder haben könnte. Das war für die Marx verpflichtete Führungsriege natürlich ein Problem. Denn die wollte, so wurde es jedenfalls postuliert, eine Gesellschaft aufbauen, die um den Menschen statt um den schnöden Mammon kreist. Das Einzige, was bei diesem rührigen Vorhaben störte, war leider der Mensch selbst und seine Erinnerung daran, dass man mit richtigem Geld richtig dufte Sachen kaufen kann. Also wurde den Ostlern erst einmal ein gründliches Brainwashing verordnet.

Für solch eine Umerziehung gibt es ja verschiedene Rezepte. Trotzki setzte auf die Gewerkschaften als verlängerten Arm und Transmissionsriemen der Partei. Die Partei will den neuen Menschen? Gut, sagt die Gewerkschaft, hier haben wir eine I-a-Gussform, absolut linientreu, also – zack! – rein mit dem Werktätigen, dann Hauptwaschgang 90 Grad, und schon ist er da, der neue Mensch.

Aber Gewerkschaft und DDR sind so ziemlich das Langweiligste, was man sich vorstellen kann, fast so schlimm wie Verkaufsfernsehen.

GELDSCHULUNG OST

Deshalb steht im Mittelpunkt der nun folgenden Betrachtungen auch kein Mitschnitt vom XI. FDGB-Kongress, sondern ein seltenes, weil frühes Dokument des ostdeutschen Kinderfernsehens. Die Genrebezeichnung ist vielleicht etwas irreführend, wenn man nicht weiß, dass unter diesem redaktionellen Sammelbegriff neben dem Sandmännchen, Fuchs, Frau Elster, Pittiplatsch und Schnatterinchen auch noch alles andere subsumiert wurde, was irgendwie den kindlichen

Kosmos tangierte. Und zweifellos gehörten dazu die Eltern, die ja selbst wiederum nur Kinder ihrer Eltern sind. Statt der Gewerkschaft, deren Einfluss jenseits der Werkstür rapide abnahm, versuchte die Partei nun über die Schule den direkten pädagogischen Angriff auf die Familie. Natürlich weiß man selbst im Politbüro der SED, dass Eltern in der Regel Erwachsene sind, es sich mithin also um jene Spezies von DDR-Bürgern handelt, in deren Köpfen noch immer eine überkommene Vorstellung von der Macht und Bedeutung des Geldes rumort. Und man ist klug genug, dagegen nicht frontal und mit offenem Visier zu Felde zu ziehen. Lieber spielt man über Bande und erzieht die Eltern um, indem man sie davon überzeugt, ihre lieben Kleinen nach dem Gusto der Partei zu formen. Statt über den rückständigen bürgerlichen Blick zu sprechen, mit denen Mutti und Vati noch immer in ihr Portemonnaie gucken, redet man lieber übers Taschengeld.

Die Eltern nehmen in diesem perfiden Spiel eine Art Scharnierfunktion ein. Das ist natürlich – SED hin oder her – ein total unmarxistischer Ansatz. Marx schreibt in seiner Kritik zu Feuerbach: «Ja, ist ja schön, wenn man jetzt Erzieher hat, die alles anders machen wollen. Aber», fragt er weiter, und da hat er natürlich völlig recht, «wer erzieht die Erzieher?» Und da sieht man leider wieder, dass die DDR nicht von Marxisten geführt wurde, und wenn doch, dann von ausgesprochen vulgären. Denn statt in Ruhe über diese Fragestellung nachzudenken, klappt man den guten Marx sofort zu, trommelt sich auf die Brust und ruft: «Hier! Wir erziehen die Erzieher!»

Natürlich hätten jetzt die Eltern kontern und ganz marxistisch nachtreten können: «Und wer erzieht euch?» Aber, und das soll an dieser Stelle nicht unter den Tisch gekehrt werden, die DDR war keine kuschelige Selbsthilfegruppe von marxistischen Klaustrophobikern, sondern ein böses Unrechtsregime, wo Rechthaben schlimme Folgen haben konnte. Erst recht, wenn man sich auf Marx berief. Kurzum, die Eltern halten die Klappe und lassen sich – über Eck – brav umerziehen.

Das Wort «Umerziehung» fällt in diesem Beitrag aus den frühen sechziger Jahren natürlich nicht, dafür aber der verräterische Begriff «Familienerziehung». Was wiederum ja auch nur konsequent ist. Denn wo – wie in der DDR – die Familie als kleinste Zelle der Gesellschaft definiert ist, liegt es natürlich nah, mit der Erziehungsarbeit genau dort zu beginnen und das angepeilte neue Geldverhältnis in ebenjenem Mikrokosmos zuerst zu etablieren.

Eine Gesellschaft, in der Geld nicht der Götze, nicht der Fetisch, das Goldene Kalb oder – mit Sigmund Freud gesprochen – Scheiße ist, scheint ein lobenswertes Ideal zu sein. Nur, wie bewerkstelligt man das? Eine Gesellschaft muss in sich funktionieren, das ist klar. Hier und heute läuft das über Geld. Mit Geld hält man die Leute bei der Stange, Geld lässt träumen, mit Geld wird früher oder später auch der letzte Punk diszipliniert. Geld aber bekommt man gemeinhin als Lohn, also als immer zu geringen Gegenwert für eine wie auch immer geartete, aber auf jeden Fall systemstabilisierende Arbeit. Nicht so in der DDR. Dort gab es zwar auch Lohntüten oder Gehaltsüberweisungen, aber dem Geld fehlte leider jede disziplinierende oder vermittelnde Potenz. Die Ostmark war impotent! Als Druckmittel war sie eine absolute Fehlbesetzung.

Aus dieser misslichen Lage heraus entschließen sich Führung und Volk nun zu einem ausgesprochen charmanten Schachzug. Sie schließen ein Abkommen, ein augenzwinkerndes Agreement: «Ihr tut so, als ob ihr arbeitet. Und wir tun so, als ob wir euch bezahlen.»

Damit ist die gesellschaftliche Situation in der frühen DDR relativ präzise beschrieben. Aus Geld wird Ost-Geld. Aber obgleich man unter dieser Voraussetzung sicher ein paar Dekaden lang zwar spartanisch, aber hochentspannt miteinander hätte leben können, regt sich auf beiden Seiten schon bald Misstrauen. Offensichtlich fehlte sowohl der Führung als auch den Geführten der realistische Blick auf das eigene, eher dürftige Tun. In den Betrieben wurden die Frühstückspausen zwar von Planjahr zu Planjahr länger, aber zugleich auch die Klagegesänge darüber lauter, dass man für seine harte, ehrliche Arbeit kein richtiges Geld bekäme und zudem ständig vor leeren Konsum- oder HO-Regalen stünde.

Im Politbüro mehrten sich dafür gleichzeitig die Stimmen, die trotzig darauf beharrten, dass die DDR ein richtiger Staat sei, der deshalb von seinen Bürgern doch wenigstens ein Minimum an Anstrengung verlangen könne.

Weil man aber zugleich wusste, dass eine gestörte Arbeit-Geld-Ware-Beziehung quasi zu den Grundpfeilern des Systems gehörte, und weil man ebenso wusste, dass an der spezifisch ostdeutschen Arbeitsweise nicht zu rütteln und der Warenmangel nicht zu beheben war, konzentrierte man sich eben auf das schwächste Glied der Kette und rettete sich kurzerhand mit dem rührenden Versuch, den Begriff des Geldes neu zu definieren.

Und genau hier setzt die Sendung des Kinderfernsehens der DDR bei ihrer Elternumerziehung an. Eingeführt wird sie durch einen Pädagogen, der diese ideologisch motivierte Neuformulierung des Geldbegriffs seinem Publikum knallhart gleich in den ersten Sekunden serviert: «Taschengeld», sagt er den an seinem Mund hängenden Erziehungsberechtigten, «Taschengeld ist eigentlich ein Geschenk der Eltern ans Kind.»

Natürlich schimmert aus diesen wenigen Worten die immer

gleiche, fies patriarchalische Struktur der DDR durch, bei der man sich anstelle des Vaters und des Sparschweins des Kindes den Staat vorstellen muss, der den Lohn als ein Geschenk an seine brav malochenden Staatskinder verteilt.

Inhaltlich ist die Vorgabe für diese Fernsehsendung klar: Die Eltern haben zu begreifen, dass jede Lohnauszahlung ein Gnadenbeweis ist. Was sie am Monatsende nach Hause tragen, ist nicht ihr Verdienst, nicht Gegenwert einer erbrachten Leistung, sondern eben ein großzügiges Präsent und als solches über jede Kritik erhaben. Und allein der Anstand verbietet es, einem geschenkten Gaul ins Maul zu schauen. Nichtsdestotrotz weiß man in der Regie- und Szenenbildabteilung des DDR-Fernsehens feinsinnig zwischen Geld und Reichtum zu unterscheiden. Denn armselig ist dieser Beitrag nicht, vielmehr schwelgt er – gebrauchswertorientiert, würde der Marxist sagen – geradezu im Überfluss der zur Verfügung stehenden filmischen Mittel, deren keines zu teuer sein kann. Das fängt schon mit dem Oberpädagogen an, der seine forsche Rede im Gehen vorträgt. Er schlängelt sich also, in ein eigentümliches mythisches Dunkel gehüllt, scharfe Schlagschatten werfend, an einer schrägen Wand entlang.

Der Erzieher der Erzieher

Das erinnert an frühe Edgar-Wallace-Filme, an Film noir, an den Malteser Falken. Man ahnt, es geht um etwas Unheimliches, Mysteriöses, und wer den Ton leise stellt, könnte sich einen Großinquisitor auf dem Weg zur Folterkammer vorstellen. Aber schon in der nächsten Einstellung sieht man,

dass hier kein wiedergekehrter Jesus gequält, sondern Elternpaare mit den Erkenntnissen der sozialistischen Erziehungs-
und Finanzwissenschaft vertraut gemacht werden sollen.
Auch das ist üppig, aus dem reichen Fundus der filmischen
Mittel schöpfend, inszeniert. Die Eltern sitzen mit leicht
zusammengekniffenen Augen vor dem vom Politbüro
gesandten Pädagogen, und um sie herum fährt die Kamera,
ganz sanft gleitet sie auf Schienen an den Elternköpfen vorbei. Wahrscheinlich haben die Russen in ihrer Großzügigkeit
neben der Sixtinischen Madonna und dem Pergamonaltar
auch zwei Schienen von den 1945 konfiszierten Reichs-
bahngleisen zurückerstattet. Möglicherweise wurden die bei
einem frühen Breschnew-Besuch mitgebracht und Ulbricht
als Gastgeschenk auf den Tisch geworfen. Na ja, wird der
sich gedacht haben, zwei Schienen, damit kommen wir jetzt
auch nicht bis Karl-Marx-Stadt, die geben wir dem Kinder-
fernsehen. Die Genossen in Adlershof haben sich natürlich
riesig gefreut und sofort volle Pulle Kunst gemacht. Das sieht
man dieser Elternversammlungsinszenierung deutlich an. Der
Aufwand ist beträchtlich; ein Meer von Scheinwerfern, überall Mikrophongalgen und dann noch die Reichsbahnschienen
mit dem riesigen Kamerawagen drauf. Um so viel Technik
zum Laufen zu bringen, braucht man selbst heute zehn bis
fünfzehn Mann, beim DDR-Fernsehen waren es also mindestens fünfzig. Die aber trommelt man nicht so einfach an
einem Donnerstagabend um 19 Uhr vor der Ernst-Thälmann-
oder Wilhelm-Pieck-Oberschule zusammen: Hört mal, Leute,
da oben ist jetzt eine Elternversammlung, da gehen wir jetzt
rein und filmen mit! So funktioniert Fernsehen nicht, und so
funktionierte es erst recht nicht im Osten.
Kurzum, was wir da sehen, ist das Resultat einer hoch-
komplex choreographierten Inszenierung. Das hier ist kein
dokumentarischer Film, das ist modernes Tanztheater!

Zwangsverwaltete Taschengeldverwalter

Verständlich also, dass die Eltern auch nicht mehr ganz so frisch ausschauen. Umerziehungslager ist schon schlimm, Umerziehungslager mit Fernsehen ist aber noch schlimmer: «Taschengeld, Klappe, die siebenundsechzigste! – und Action!» Wir sehen also die Gesichter der Mütter und Väter, die zwar noch in etwa wissen, was Geld ist, aber jetzt die Fresse aufmachen? Das gibt nur Ärger! Also Augen zu und durch. Dass Bild und Kommentar nicht identisch sind, ist schön und selten im Fernsehen – regt es doch zum Nachdenken an –, der Zuschauer wird nicht für blind oder taub oder – falls beides nicht zutrifft – für blöd erklärt. Hin und wieder erscheint aber auch mir ein Zusammentreffen von beidem durchaus angebracht, damit der Fernsehbeitrag sich nicht vollends ins Kryptisch-Avantgardistische verabschiedet. In unserem Fall haben wir es aber mit dem seltenen Fall zu tun, dass beides zutrifft; Bild und Ton sind identisch und sind es zugleich nicht! So, wenn die Offstimme verkündet: *Nach dem Vortrag wird die Diskussion in kleiner Runde fortgesetzt.* Zack!, ein Umschnitt folgt, und wir sehen ein neues Bild. Wobei «neu» schon übertrieben ist, denn geändert hat sich lediglich die Anzahl der Elternpaare. Saßen vorher zwei Dutzend vor der Kamera, ist es jetzt nur noch eins.

Aber schauen wir uns die furiose Formulierung genauer an: «Nach dem Vortrag wird die Diskussion in kleiner Runde fortgesetzt», heißt es da. Man könnte einwenden, dass es präziserweise hätte heißen müssen: «Nach dem Vortrag findet eine Diskussion statt», aber nein: Fortgesetzt wird tatsächlich eine Diskussion, die *keine* war, sondern eben ein Vortrag! Im Grunde wird man hier also Zeuge einer liebevoll-semantischen Demokratisierung, die sich mit der autoritären Struktur eines Vortrages nicht abfinden will. «Es gibt nichts Gutes, außer man tut es», sagt Erich Kästner, und die DDR-Verantwortlichen ergänzen fürsorglich: «Und zwar selber.» Denn die zuverlässigste und berechenbarste Form einer Diskussion ist der qualifizierte Vortrag! So geht es dann munter im Text weiter: *Der Lehrer hat Gelegenheit, auf spezielle Fragen der Eltern einzugehen.* Das Bild hat sich inzwischen längst wieder verselbständigt und zeigt uns, dass sich nicht die Münder der Eltern fragend öffnen, wie der Kommentar forsch behauptet, sondern wieder der Lehrer spricht. Fragt, um genau zu sein: *Wissen Sie, wie viel Geld Ihr Kind in seiner Tasche hat und was es damit macht?* Anständige Eltern wissen so etwas natürlich nicht, die respektieren ihre Kinder und deren Privatsphäre und überwachen sie nicht.

Damit aber kann sich das Fernsehen nicht zufriedengeben und auch der Pädagoge nicht, der schließlich gekommen ist, um den Begriff «Geld» neu zu definieren. Also müssen Mutti und Vati schätzen, um unübersehbar ein Zeugnis ihrer Ahnungslosigkeit abzulegen. Denn die von den Eltern genannten Summen weichen erheblich von den Beträgen ab, die das Fernsehen oder die Schule bei einer großangelegten, vorab durchgeführten Taschenkontrolle in den Hosen oder Ranzen der Kinder gefunden hat. Das hat natürlich Methode, denn so werden die Eltern gleich in die Defensive gedrängt. Wer nicht weiß, was sein Kind in den Taschen hat, kann ja nur ein miserabler Erzieher sein, der muss seine Aufsichtspflicht grob vernachlässigt haben, dem könnte das Sorgerecht mit gutem Grund sofort entzogen werden. So eingeschüchtert, schlagen die Eltern natürlich die Hacken zusammen und nicken alles brav ab, was ihnen nun noch aufgetischt wird.

Wer so einer Gehirnwäsche unterzogen, wer so zur Schnecke gemacht wurde, reißt in der nächsten Frühstückspause in seiner Werkskantine bestimmt nicht mehr die Klappe auf. Der weiß spätestens jetzt, dass er weder von Erziehung noch von Geld auch nur den leisesten Schimmer hat.

Merkwürdig ist nur, dass hier das Geld in den Taschen der Kinder offenbar als eine Art Bedrohung begriffen wird. Denn warum will man sonst, dass sich die Eltern darum kümmern? Warum ist es schlimm, wenn Herr und Frau Müller nicht wissen, wie viel DDR-Mark ihr Peter in der Hose mit sich trägt? Vielleicht hat am Ende doch auch der Drehbuchautor dieses Stücks vor den Hollywood-Ambitionen des Regisseurs kapituliert und sich gesagt, na schön, dann lassen wir den Streifen doch nicht trocken im pädagogisch Wertvollen verenden, sondern öffnen ihn nach hintenraus. Vielleicht könnte Teil 2 auch ein schöner Krimi werden, vielleicht unser Einstiegsticket fürs große Kino, für Babelsberg und die DEFA. Es bleibt aber bei einer vagen Andeutung, denn so richtig genau wissen auch die Kinderfernsehmacher nicht, für welch gefährlichen, verruchten Zweck die Kinder ihre 7,50 oder 13,50 DDR-Mark ausgeben sollten. Für eine zügellose Orgie mit vergorener Stutenmilch in Ulan-Bator? Die verfügbaren Alkoholika wären vielleicht für 7,50 zu haben gewesen – aller Erfahrung nach aber keine Genüsse im eigentlichen Sinne. Traum und Wirklichkeit des Geldes sehen sich doppelt verneint!

Außer Taschengeld und Stutenmilch war für einen ehrgeizigen Filmkünstler in der DDR nichts zu holen, und ohne das Ministerium für Staatssicherheit hätte es dieses kleine Land bis heute nicht ins Abendprogramm, geschweige denn bis nach Hollywood geschafft.

Als Filmkulisse für Blockbuster nur bedingt tauglich, scheint mir die eigentliche Stärke der DDR in ihrem Laborcharakter zu liegen, eine Forschungsstätte, in der viele wertvolle und lehrreiche Experimente stattfanden. Drei Minuten Taschengeld-Schulungsfernsehen, und was lernen wir daraus: Kein Geld ist auch keine Lösung!

Bis hin – und da sind wir wieder bei Freud – zum Reinlichkeitswahn dieses Geschichtslabors. Nun ist richtige Sauberkeit ohne richtiges Geld nur schwer zu haben, darum auch die Stasi. Wenn es, was das System natürlich nicht zuließ, im Osten tatsächlich richtiges Geld gegeben hätte, dann wäre auch dieses Repressionsinstrument überflüssig gewesen, dann wäre aus der DDR wohl eine Art Schweiz geworden. Alles sauber, keimfrei, ordentlich. Rote Fahnen und Westgeld. Was will man mehr?

Aber wie gesagt, richtiges Geld gab es nicht und richtige Berge auch nicht, also ist aus der roten Schweiz nichts geworden, und das merkt man dem Osten bis heute an. Anscheinend ist es nämlich noch immer ein Problem, Ostler zum Arbeiten zu motivieren.

Aber natürlich gibt es auch hier historisch bewährte Umerziehungskonzepte, die freilich richtiges Geld zur Voraussetzung haben. Siemens hat es vor hundert Jahren in Sibirien mit Ohrringen geschafft, eine ähnlich träge Vorgeldgesellschaft für die kapitalistische Produktionsweise fit zu machen. Damals fuhr man in irgendeine hochmoderne Fabrik hinter den Ural und steckte ein paar hundert sibirische Bauern in den Blaumann. Die sind dann auch erst einmal brav zur Arbeit gegangen, haben hier und da an Schrauben gedreht, und alles lief prima – jedenfalls bis zur ersten Lohnauszahlung. Denn kaum dass die Bauern ihren ersten Arbeitslohn in der Tüte hatten, sind sie in die Schenke gerannt und haben sich volllaufen lassen. Und da der Wodka damals noch verhältnismäßig preiswert war, hat das Geld für zwei Wochen Dauerdelirium gereicht. So lange standen dann bei Siemens alle Räder still. Nach zwei Wochen sind die Bauern dann langsam wieder an die Werkbank getrottet, weil sie sich sagten, jetzt ist die letzte Flasche leer, jetzt musst du wieder arbeiten gehen. So kann natürlich keine ordentliche Fabrik laufen, selbst in einer Niedriglohnregion wie Sibirien nicht. Die sollen um sechs Uhr morgens kommen und um acht Uhr abends wieder gehen und sich, wenn überhaupt, dann gefälligst am arbeitsfreien Sonntag besaufen.

Anders als heute war das Siemens-Management damals noch nicht auf den Kopf gefallen und hat sich gesagt, da haben wir ein Problem – da suchen wir eine Lösung. Und die fanden sie, und die war wirklich clever. Sie stellten nämlich neben die Dorfschenke ein Schmuckgeschäft, wo es alles gab, wonach der sibirischen Frau der Sinn stand. Vermutlich haben sie am ersten Tag ein paar Sonderangebote gemacht, jedenfalls lief ziemlich schnell die erste Bäuerin mit dicken trompetengoldenen Ohrringen herum. Und schon ging es los: «Die Nachbarin hat so tolle Ohrringe. Die will ich auch haben, nun aber runter vom Ofen und ab in die Fabrik, mein Lieber.» Und über diesen einfachen Trick, über diesen Umweg ist Siemens dann die Disziplinierung und Verproletarisierung seiner sibirischen Bauern gelungen. Die gegengewerkschaftliche Frau als quasi trotzkistischer Transmissionsriemen kapitalistischer Disziplinierung. Beim heutigen Ostler müsste man sich wohl was anderes einfallen lassen. Nur warum sollte man? Wo keine Arbeit ist, wäre eine ordentliche Motivation unverantwortlicher Luxus. Never touch a running Gesellschaftssystem! Wenn aber doch, dann: «Strg-Alt-Entf»!

SEKTGENUSS-SCHULUNG WEST

Geldzentrierte Gesellschaften wie die gute alte BRD haben natürlich ganz andere Sorgen. Klar, auch hier hat es nach dem Krieg eine Weile gedauert, bis ein gewisser Reichtum akkumuliert werden konnte. Spätestens in den sechziger Jahren war es dann so weit, da zeigten sich hier und da die ersten Erfolge arbeitnehmerischer Schatzbildung. An dieser Stelle muss man die Bundesrepublik ausdrücklich loben, denn dass dieses Aufblitzen von Reichtum keine singuläre Erscheinung war, sondern sich der Wohlstand quasi wie ein stetig anwachsender Glühwürmchenschwarm aus dem Nachkriegsdunkel abhob, gehört zu ihren wirklich großen Leistungen. Diese Demokratisierung oder genauer Sozialdemokratisierung des Reichtums betrachtet man unter ethischem Gesichtspunkt mit einem lachenden, aus ästhetischem Blickwinkel eher mit einem weinenden Auge.

Bis in die fünfziger Jahre waren ja gewisse Attribute des Reichtums für einen kleinen Personenkreis reserviert. Man kennt ja noch diese alten Karikaturen: der Kapitalist mit Zylinder und Zigarre. Heutzutage symbolisiert der Akt des Zigarrerauchens eher ein neureich-prollmäßig grundiertes Verständnis von Fettlebe: Ich lass es mir jetzt mal so richtig gutgehen! Der Raucher sitzt der Illusion auf, dass das Paffen einer Zigarre irgendwie bon vivant, Dolce Vita, ein Ausweis irrsten Reichtums sei und eine irgend geartete Zugehörigkeit symbolisiere. Dabei ist klar, das Ding kostet nicht mal mehr den zehntel Stundenlohn eines Kfz-Mechanikers und bringt – inhaliert – eher Durchfall als geistige Erhellung. Aber was soll's – die Kehrseite der Demokratisierung des Reichtums ist nun einmal die Verprollung der vermeintlichen Luxusgenüsse.

Wir haben in der Mitte der sechziger Jahre in der Bundesrepublik einen gewissen Geldüberschuss. Immer mehr Leute haben mehr, als sie für die Befriedigung ihrer Grundbedürfnisse benötigen. Und damit die nicht auf tendenzielle Profitratenfallsucht verursachende dumme Gedanken kommen und vielleicht, wie weiland der sibirische Bauer, erst wieder zur Arbeit kommen, wenn der letzte Pfennig ausgegeben ist, muss man in ihnen Bedürfnisse wecken. Also offeriert man ihnen die ganze Palette der käuflichen Genüsse, mit denen auch schon zu früheren Zeiten das Geld abgeschöpft wurde. Und genau damit fängt die eigentliche Plage an. Simmel – also nicht Johannes Mario, der Schriftsteller, sondern Georg, der bereits erwähnte Philosoph – schreibt, dass mit dem Geld der Siegeszug der «Quantität über die Qualität» beginnt, alles ist käuflich und wird damit erreichbar, beliebig, reizlos. Der einzig wirklich Glückliche, und das ist eine tolle Beobachtung von Simmel, ist der Geizige; ihm bleiben die Enttäuschungen erspart, die dem realen Genuss stets folgen. Glücklich ist, wer geizig ist. Wer auf seinem Geld sitzen bleibt, spartanisch lebt, fährt besser, weil ihm der Katzenjammer erspart bleibt, der dem Genuss zwangsläufig folgt. Das Auto ist dann doch zu klein, der Kaviar zu salzig ... – ein kurzer Orgasmus, und dann schläft man doch ein. Genau diese Struktur. Während der Geizige in einer Welt phantastischer, vielversprechender Möglichkeiten lebt! Arm sein, viel Geld haben und dann sterben – das ist Glück. Eine solche Haltung wäre natürlich der Ruin einer jeden auf Wachstum gegründeten Volkswirtschaft.

In den sechziger Jahren ging es im Westen aber gerade darum, neue Bedürfnisse zu wecken, der wachsenden Zahl von Neureichen klarzumachen, dass kalte Fischeier nicht teuer genug sein können und Schampus erst dann richtig gut schmeckt, wenn man ihn aus schweißnassen High Heels trinkt. Womit wir auch schon bei einem sehr bemerkens-

werten Fernsehdokument aus den Archiven des Senders
Freies Berlin wären. Ein sparsam inszeniertes Kleinod, das
man als ideologisches Gegenstück zum eben beschriebenen
Umerziehungsfilm des ostdeutschen Kinderfernsehens sehen
kann.

Ästhetisch gemahnt dieser kurze Film an die konzeptionelle
Klarheit eines Bin-Laden-Schulungsvideos. Ein Mann, eine
Botschaft, ein Befehl. Klar, unser Film stammt aus den
späten Sechzigern und wurde mit dem Geld westdeutscher
Gebührenzahler produziert – hier kann es also unmöglich
darum gehen, den Funkturm oder die Siegessäule mit ge-
kidnappten Lufthansa-Maschinen zum Einsturz zu bringen.
Nein, hier geht es eher um die subtile Veränderung sozialer
Strukturen; nämlich darum, proletarisch sozialisierten, küm-
mel-, korn- oder biertrinkenden Mitbürgern beim Übertritt in
die Wohlstandsgesellschaft unter die Arme zu greifen. Doch
wer jetzt denkt, dass hier karitative Motive die Filmemacher
treiben, irrt. Vielmehr geht es in diesem Film darum, sicher-
zustellen, den neuen Reichtum, das Geld der wachsenden
Schar der Besserverdiener munter zirkulieren zu lassen und
der deutschen Sektindustrie einen konjunkturellen Anstoß zu
geben. Und so bemüht sich denn ein seriöser Moderator in
aller hochpädagogischen Ernsthaftigkeit, dem Zuschauer die
proletarische Scheu vor dem Sektgenuss zu nehmen.

«Was der Arbeitnehmer nicht kennt, trinkt er nicht», und erst
recht nicht aus Damenschuhen, denken sich die öffentlich-
rechtlich besoldeten Apologeten des kommoden Kuschel-
kapitalismus und geben Nachhilfeunterricht im Umgang mit
Qualitätsschaumwein. Faszinierend dabei ist die beflissene
höchste Ernsthaftigkeit des Moderators, der, als spräche er
von den letzten Dingen, keinen Zweifel daran lässt, dass
jeder Verstoß gegen die hier vor- und aufgestellten Regeln
des Sekttrinkens in einer Katastrophe enden muss. Diesem

Luxus für alle!

heiligen Ernst lässt sich ablesen, wie unerwartet, wie schockartig neu diese Erfahrung gewesen sein muss: Es ist Geld da, jetzt können wir prassen. *Einige Hinweise, wie man Sekt behandeln sollte, sollten hier nicht fehlen. Zunächst, fangen wir bei der Sektflasche an, beim Aufmachen. Diesen Draht hier niemals aufdrehen! Sondern nach oben oder unten bewegen, nach rechts und links, ich tu das jetzt hier deswegen nicht, damit's keine Katastrophe gibt, denn hier ist das Studiolicht an, und es ist sehr heiß, und es könnte alles überschäumen. Also: den Draht nach oben oder unten, nach rechts oder links bewegen, bis er aufgeht. Dann mit einer Bewegung aufreißen, da geht der Pfropfen ... dieser, dieser Bügel über dem Pfropfen mit ab und das Papier, oder die Blechhülle, und dann das Glas schräg halten und eingießen! Und jetzt werden Sie gleich bemerken, dass wir hier etwas präpariert haben. Wir haben dieses Glas mit einem Waschmittel behandelt, das stellen wir hierhin. Und dieses Glas mit heißem Wasser. (Gießt ein) Es wird Ihnen auffallen, dass das rechte Glas kaum noch Mousseux, wie der Fachmann sagt, hat, während das linke Glas, das mit heißem Wasser ausgespült worden ist, moussiert, so lange, wie es eben der Sekt aushält. Das ist ein Hinweis für die Hausfrau: kein Waschmittel verwenden, wenn man Sektgläser ausspült, sondern nur klares heißes Wasser. Sie machen sich und Ihren Gästen eine Freude damit.*

Solch eine Unterweisung weckt Sehnsüchte wohl auch bei

jenen Zuschauern, die sich nicht einmal das Spülmittel leisten können, mit dem man die Sektgläser auf keinen Fall abwaschen soll. Das Fernsehen beabsichtigt vermutlich, in diesem oder jenem Wohnzimmer, bei diesem oder jenem Arbeitnehmer die Hoffnung zu erzeugen, dazuzugehören, sich durch höhere Produktivität, durch Mehrarbeit, ein wenig vom neuen Reichtum und den Zugang zur Sektgenießerfraktion zu ertrotzen. Aber oft genug tritt genau das Gegenteil ein, wird der Ehrgeiz jener Subjekte angestachelt, die auf kriminelle Weise versuchen, schnell und ohne viel Arbeit zu Wohlstand zu kommen. Der gemeine Bankräuber gehört in diese Kategorie, und deshalb ist es löblich, dass das Westfernsehen sich kurze Zeit später auch dieser Zielgruppe angenommen hat. Es gibt einen grandiosen Ausschnitt aus den siebziger Jahren, in dem ein Sozialpsychologe versucht, die Psyche dieser gesellschaftlichen Randgruppe zu erkunden. Dr. Jürgen Rehm heißt der Mann, der ganz wissenschaftlich fundiert die Probleme der gemeinhin unterschätzten Tätigkeit des Bankräubers analysiert. Zu diesem Zweck hat er mit zweihundert polizeilich registrierten Bankräubern gesprochen. Die intensive Beschäftigung mit den Kriminellen ist an dem Wissenschaftler nicht spurlos vorübergegangen. Wenn man seinen Ausführungen lauscht, fällt nämlich rasch auf, dass er offenbar einer Form des sattsam aus Geiselnahmen bekannten Stockholm-Syndroms erlegen ist: Die Entführten fangen an, mit ihren Entführern zu sympathisieren. Bei Dr. Jürgen Rehm drückt sich diese seelische Verbundenheit mit seinen Probanden vor allem darin aus, dass er unter ihrer Ungeschicklichkeit, ihrer Unprofessionalität und insbesondere, ja – sagen wir es ruhig –, unter ihrer Dämlichkeit leidet. Minutiös beschreibt er vor der Kamera den jeweiligen Tathergang und listet ebenso minutiös die Kardinalfehler auf, die das Unternehmen scheitern ließen. Das fängt schon mit

Ein Stockholmer des Bankraubs

der Planung des Bankraubs an. Man sieht förmlich, wie dieser sympathische Sozialpsychologe sich quält, angesichts der stümperhaften oder gänzlich unterlassenen Vorbereitung einer ja nicht ganz unkomplizierten Form des Verbrechens. Leidend windet sich Dr. Rehm, wenn er beschreiben muss, in welchem geistigen Zustand viele Bankräuber zur Tat schreiten, die «zur Betäubung ihrer Aufregung Drogen oder Alkohol nehmen». Kein Wunder, so schiebt er hinterher, dass sie dann «teilweise in der Hitze des Gefechts sogar die Tüte mit dem Geld vergessen» oder – schlimmer noch – nicht einmal eine Tasche mit in die Bank nehmen, in die sie das geraubte Geld stecken könnten. Dr. Jürgen Rehm, hochkompetent, weiß alles, aber an einer Stelle, die ihm nichts nützt. Auch hier gilt der große Brecht-Satz: Die Wahrheit kann an einem anderen Ort gefunden werden, als wo sie gebraucht wird. Und denkt man mit Brecht weiter, der ja in der «Dreigroschenoper» die Frage stellt: «Was ist das Ausrauben einer Bank gegen die Gründung einer Bank?», muss man sich konsequenterweise fragen: Wie gehen Bankgründer vor? Sind die tatsächlich professioneller? Viel spricht nicht dafür. Erinnern wir uns nur einmal an den September 2008, als die amerikanischen Investmentbanken reihenweise krachten, aber die Herren in der guten alten Kreditanstalt für Wiederaufbau Dienst nach Vorschrift machen und – bevor sie ins Wochenende starten – noch einmal schnell 300 Millionen Euro an die bereits bankrotte New Yorker Lehman-Brothers-Bank überweisen. «Deutschlands dümmste Bank!», titelte damals Deutschlands dümmste Zeitung und lag damit so verkehrt nicht. Unter dem Gesichtspunkt der Effektivität muss man freilich ein Loblied des organisierten Kapitalismus singen: Drei oder vier Banker reichen, um 300 Millionen im Bruchteil einer Sekunde verschwinden zu lassen! Wie viel Zeit hätten wohl wie viele betäubte Bankräuber dazu benötigt! Nein, sagen sich die professionellen Banker, das können wir besser! Und recht haben sie. Denn das genau ist die schwindelerregende Dynamik und ungeheure Effizienz unseres immer wieder zu Unrecht totgesagten Wirtschaftssystems!

So wie die KfW-Manager aussahen, brauchten sie wohl weder Kokain noch Sekt. Natürlich kann man heute angesichts der Subprime-, Kredit-, Banken-, Finanz-, Wirtschafts- und Weltwirtschaftskrise nach einem Wladimir Iljitsch Lenin oder Ludwig Erhard des 21. Jahrhunderts rufen, auf eine neue Revolution oder eine Neue Soziale Marktwirtschaft hoffen. Aber wäre es nicht viel naheliegender und einfacher, dafür zu sorgen, dass Dr. Jürgen Rehm erneut vom Bundeskriminalamt beauftragt wird, eine Studie zum Thema «Täterleitende Faktoren bei der Gründung und Leitung von Geldinstituten» zu erstellen? Er könnte zweihundert gescheiterte Banker nach biographischen Merkmalen, Tatmotiven, Tatvorbereitung, Objektwahl, Ablaufschema, Fluchtplanung befragen. Aber vermutlich würde das auch nicht helfen, Bankgründungen zu verhindern, und so besteht die einzige sozial verträgliche Alternative wohl darin, dass Banker sich auf ihrem zuständigen Arbeitsamt melden und als 500 000-Euro-Jobber jeden ihnen zugewiesenen Job machen müssen. So wären sie wenigstens von der Straße weg und könnten keine größeren Schäden mehr anrichten!

Anders als bei Bankräubern und Bankern, aber nicht viel anders, sah die Sache bei den Politikern und Militärs aus, die im August 1990 in Moskau Gorbatschow stürzen und den drohenden Untergang der Sowjetmacht stoppen wollten. Derselbe Dilettantismus: Fünf oder sechs Loser aus Politbüro, Armee und KGB sitzen wie bei einer Bilanzpressekonferenz auf einem Podium und versuchen, ganz im Geiste der Hypo Real Estate, vor laufenden Kameras zu erklären, dass sie die Lage völlig unter Kontrolle und die große Sowjetunion nunmehr gerettet hätten. Im Gegensatz zu den Bankern freilich sind sie total verunsichert und trinken – sehr charmant, sympathisch und eigentümlich verrottet – aus einer Kaffeekanne Cognac. Immer wieder greifen ihre zittrigen Hände hilfesuchend nach den Tässchen, während sie mit brüchiger Stimme lauter Ungereimtheiten vor sich hin murmeln. Mit genau dieser Moskauer Putschistendämlichkeit werden hierzulande Banken ausgeraubt, gegründet und geführt. Alles sehr hyporeal!

DIEBSTAHL SCHÄNDET NICHT

Wenn es um Geld geht, kommt man natürlich nicht umhin, über die Schweiz zu reden. Wir hatten sie ja bereits an anderer Stelle kurz als ostdeutsches Paralleluniversum beschrieben, als lupenreines Hausmeisterparadies mit Schneefallgarantie und völlig ungetrübter Geld-Ware-Zirkulation. Und doch gibt es auch in dieser scheinbar so wohlgefügten Welt tragische Momente, gibt es Leute, die an den Verhältnissen scheitern.

Das Schweizer Fernsehen hat in den sechziger Jahren eher zufällig die Festnahme eines Taschendiebs aufgenommen.

Wobei man im Nachhinein fast den Verdacht haben kann, dass diesem Zufall etwas Teleologisches innewohnt, ein unerwarteter höherer Sinnzusammenhang. Warum hat Gott die Hundescheiße geschaffen?, fragt der Teleologe. Damit man da reintritt und dann die Schuhe wieder sauber machen muss. Dazu werden dann Reinigungsmittel benötigt, Schuhcreme, Schuhbürsten, gegebenenfalls sogar neue Schuhe, und so floriert die ganze dazugehörige Schuhe, Putz- und Reinigungsmittel produzierende Industrie, und Arbeitsplätze werden gesichert. Ein Konjunkturprogramm der Vorsehung, gottgewollt und wohlgefügt. Und hier in Zürich läuft es nun ganz ähnlich ab.

Wir sind in einem Kaufhaus und werden Augenzeuge eines kriminellen Delikts. Es scheint fast so, als entschließe sich der Täter erst zur Tat, als er das Fernsehteam erblickt. Auf jeden Fall entsteht der Eindruck einer sich selbst dufte findenden Authentizität, die ja als solche keine mehr ist.

Es fängt harmlos an, wir sehen schwarz-weiße Bilder vom bunten Kaufhaustreiben und hören unvermittelt aus dem Off eine Kommentarstimme: *Plötzlich mussten wir Geschrei aus der Goldschmuckabteilung hören: «Sie haben etwas gestohlen!»* Die Kamera wird daraufhin vom Kameramann geistesgegenwärtig herumgerissen, der Off-Kommentator geht weiter: *Dieser Kunde hat in der Tat ein goldenes Armband gestohlen.* Der Kunde, der in der Situation ja seinen Aggregatzustand bereits geändert hat und jetzt eigentlich als Dieb anzusprechen wäre, benimmt sich allerdings recht sonderbar: Er steht ausgesprochen interessiert und ruhig am Schmucktresen und wartet, was nun passiert. Wäre er ein nicht teleologisch-gottgeführter Dieb, hätte er das Armband wohl genommen und wäre weggerannt. Das ist aber nicht der Fall, sondern er gibt dem Kameramann Gelegenheit, ihn ordentlich ins Bild zu setzen. Und so sieht man einen eher kleinbürgerlich wirkenden Mann mit Anzug, Mantel, Hut und Brille, der fragend in die Kamera schaut: Soll ich irgendwas machen?

Soll er nicht, denn erst einmal tritt die Verkäuferin in Aktion, sie greift zum Telefon: *Wo ist die Nummer vom Kaufhausdetektiv? Ach, hier.* Der kommt dann recht schnell angeflitzt. Der Dieb weiß noch immer nicht so genau, ob er an dem hektischen Geschehen in irgendeiner Form direkt beteiligt ist oder es einfach nur als Zuschauer seiner selbst genießen sollte. Und während er so vor sich hin grübelt, beginnt der Detektiv die Verkäuferin zu vernehmen. Das spricht ja durchaus für die Schweiz. Ein Diebstahl scheint dort offenbar so exotisch, dass man die Schuld lieber erst einmal beim Personal sucht. Aber die Dame ist resolut und weist alle Verantwortung für den Vorfall von sich: *Ich habe das immer alles gesehen und im Auge gehabt, also sogar, als ich mich weggedreht habe. Also, er muss höchst raffiniert vorgegangen sein.*

Damit ist der Ball wieder beim Dieb beziehungsweise beim Kaufhausdetektiv. Man spürt, dass die beiden in der Zwischenzeit die Anwesenheit der Fernsehkamera realisiert haben, denn sie nehmen nun ihre entsprechenden Rollenvorgaben an: Der Kaufhausdetektiv versucht autoritär und energisch zu sein; der Dieb übt sich in Gefügigkeit, lässt sich vom Kaufhausdetektiv ohne Gegenwehr in den Nacken greifen und wird tatsächlich am Schlafittchen genommen. Augenscheinlich ist der Kaufhausdetektiv etwas übermotiviert, denn mit so einem Griff führt man vielleicht minderjährige Strolche aus der Süßwarenabteilung ab, aber keinen fünfzigjährigen Armbandräuber. Egal, die beiden verlassen den Tatort, das Fernsehteam hastet hinterher, und die Kamera beginnt – ganz untypisch für diese frühe Zeit – dramatisch zu wackeln. Die Polizei ist inzwischen angerückt, um den

Täter aufs Revier zu bringen. Die Kamera steht nun
wieder auf ruhigen Füßen
und zeigt, wie der ganze
Pulk auf dem Kaufhaus-
vorplatz dem Polizeiauto
entgegenstrebt. Spätestens
jetzt ist auch der Dieb für
seine Rolle entflammt, er
stürmt voller Begeisterung
voran, schleift die eher
trägen Polizisten hinter

Verfolger im Schlepptau

sich her und startet, sich seiner Verantwortung und seiner
Rolle als Dieb bewusst, das, vielleicht könnte man sagen,
«Zitat» eines Fluchtversuchs. Das heißt, er deutet ihn mit
einem achtel, nein, eher sechzehntel Ausfallschritt an, um
die doch eher trägen Polizisten zum Leben zu erwecken. Die
langen, endlich erwacht, sofort zu, werfen ihn ins Auto, und
dann rast die Schweizer Polizei in einem Affentempo mit un-
angemessen lautem Reifenquietschen davon. Hier angelangt,
fragt man sich, ob es sich bei dem Dieb um einen wirklichen,
einen echten, einen realen Dieb handelt oder nicht doch
um ein Werkzeug der Vorsehung; um jemanden, der sich in
Zürich um die Existenzberechtigung von Polizei und Kauf-
hausdetektiven sorgt und unter Hintanstellung des eigenen
Wohlergehens mit beherzter Zivilcourage den Beweis antritt,
dass diese auch in vermeintlich kriminalitätsschwachen
Zeiten notwendig sind.

HANDYKLINGELN, HÜFTSPECK UND HINDUKUSCH – DER SOUNDTRACK DES TERRORS

kaum jemand wird sich auf Anhieb an den 7.10.2001 erinnern. Sicher gibt es jetzt hier und da unverbesserliche Nostalgiker, die sofort den Finger heben und rufen werden, na klar, weiß ich wohl, da hab ich mit Klaus-Dieter und Marion bei einer schönen Schüssel Soljanka mit Rotkäppchen-Sekt den 52. Jahrestag der Deutschen Demokratischen Republik gefeiert. Für ein solches Publikum sind die nun folgenden Ausführungen aber nicht gedacht. Denn jetzt und hier geht es um mehr als um die Mumifizierung längst verblichener Jugendjahre unter dem fadenscheinigen Deckmantel eines vorgeblichen Abschleifens medialer Divergenzen in der Aufarbeitung der deutschen Nachkriegsgeschichte.

Nein, wenn hier nach dem 7.10.2001 gefragt wird, ist die DDR nur eine Fußnote. Denn es geht um Grundsätzliches.

Um die Frage nämlich, ob Kriege okay sind, wenn sie mit Barockmusik beginnen, und wieso der 11. September eine Spätfolge sächsischer Sangeskunst ist.

DEUTSCHE AUSSENPOLITIK MIT JAMBA-ABO

Am 7.10.2001 begann mit der Bombardierung Afghanistans der sogenannte Krieg gegen den Terror. Wenige Stunden nachdem der amerikanische Präsident in einer Fernsehansprache den Beginn der Kampfhandlungen verkündet hat, treten in Berlin der Bundeskanzler und sein Außenminister vor die Presse; Gerhard Schröder und sein Freund Joschka Fischer. Beide betont ernst, Joschka mit gekonnter Leichenbittermiene: «Iss Kriech!» Es ist interessant, genau zuzuhören, was Schröder sagt. Denn seine Rede knüpft nahtlos an die große Tradition bizarrer Kriegsrechtfertigungsreden an. Keine Angst, wir kommen jetzt hier nicht mit Hitler und seinem «Seit 5.45 Uhr wird zurückgeschossen» vom 1.9.1939, das wäre schlechtes Kabarett. Nein, um bei dem Thema fündig zu werden, muss man gar nicht in den Annalen blutrünstiger Diktaturen blättern, da genügt ein Blick in die Protokolle des Weißen Hauses. Im August 1945 rechtfertigte der damalige Präsident Harry S. Truman den Abwurf der Atombombe auf Hiroshima mit der raffinierten rhetorischen Formel, die 255 000 Einwohner zählende japanische Hafenstadt wäre eine «military base», ein Militärstützpunkt.
Es mag krümelkackerisch erscheinen, aber mit gutem Recht kann und muss man misstrauisch werden, wenn es Schröder in seiner Rede beispielsweise nicht gelingt, den korrekten

Plural von «Taliban» zu finden, die er «Talibans» nennt. Da fragt man sich, wenn man den Feind noch nicht einmal korrekt pluralisieren kann, was läuft dann noch alles falsch? Und die Behauptung, der Angriff richte sich *gegen militärische Ziele wie Flugabwehrstellungen des Talibanregimes,* spricht von einem ungeheuren Optimismus, gingen den Amerikanern doch schon nach einem halben Tag die Ziele aus! Was jeden denkenden Menschen aber auf die Palme bringen muss, ist der Satz: *Es gibt zu dieser Auseinandersetzung, die wir gewinnen müssen und gewinnen werden, keine Alternative.* Gewinnen müssen hin, gewinnen werden her, aber Politiker, die sagen, es gäbe keine Alternative – nun ja, zu trauen ist denen jedenfalls nicht. Es gibt immer andere Möglichkeiten: teurere, blutigere, langfristig sinnvollere – geschenkt; «keine Alternative» heißt aber nur: keine Diskussion, kein weiteres Nachdenken. Inzwischen hat sich dieser Satz bereits so sehr selbst denunziert, dass er sprechökonomisch als TINA («There Is No Alternative») abgekürzt wird. Einem TINA-Sager sollte man immer fröhlich den schönen russischen Vornamen TAMARA entgegenschmettern: «There Are Many And Real Alternatives»! Und wer dem Russischen nicht so verbunden ist, könnte den Namen des größten indischen Autoproduzenten nehmen und TATA rufen: «There Are Thousand Alternatives»!

Hinter Schröder steht nun Joschka Fischer, und bei dem klingelt das Handy – mitten in die «Flugabwehrstellungen» hinein. Und da sieht man im Gesicht Fischers quasi Mentalitätskabul; eine totale Trümmerwelt. Fischer steht da, hört das Handy klingeln, denkt: «Jetzt steh ich hier vorne, alle schauen hierher, und ich bin im Bild! Ich könnte das Klingeln jetzt natürlich einfach ignorieren, aber wer weiß, wie lange der Idiot anruft, da ist die ganze Rede vom Kollegen Schröder versaut, schließlich bimmelt es jetzt schon fünf Sekunden

lang.» Er steckt also
die Hand in die Tasche,
fummelt und versucht,
das Handy auszukriegen.
Es gelingt ihm aber nicht.
Also nimmt er es – neben-
bei wird die ganze Zeit der
Krieg erklärt! – aus der
Tasche. Er kann aber, und
das scheint ein bedingter
Reflex zu sein, das Handy
nicht rausnehmen, ohne

Klassik contra Contenance

aufs Display zu schauen. Das ist in dieser Situation natürlich
sehr unpassend. Denn egal, wer jetzt anruft, es kann nur ein
Subordinierter sein; der Chef steht schließlich neben ihm. Er
versucht, es hinter sich zu verstecken, es klingelt aber immer
noch. Vorn, sieht man, wird noch immer der Krieg erklärt,
und hinten kämpft Fischer blind und höchst angestrengt mit
einem quasi talibanesischen Handy, während er mimisch,
ebenfalls höchst angestrengt, versucht, Zustimmung zur Re-
gierungs- und Kriegserklärung zu signalisieren. Fischer mit
seinem souverän gequälten Gesichtsausdruck à la «Alles Leid
der Welt lastet auf meinen Schultern», während Schröder
trotz aller Bimmelei relativ bei sich zu sein scheint.
Was aber vor allem extrem tief blicken lässt, ist der Klingelton. Fischer hat ein Siemens-Handy; und wenn man das erst
einmal weiß, ist es nicht schwer herauszufinden, welchen
Klingelton der Außenminister favorisiert: Toccata und Fuge
d-Moll (BWV 565) von Johann Sebastian Bach; also gewissermaßen die Spießervariante von klassischer Musik – es gibt
niemanden, der die Melodie nicht kennt. Wikipedia erklärt
uns, dass dieses Werk in der Populärkultur ikonographisch
und stereotyp für «Ernsthaftigkeit» und «Würde» stehe, ver-

weist perfiderweise allerdings nicht auf den deutschen Ex-
außenminister, sondern auf Walt Disney. Wenn man sich die
Mühe macht und auf einem Siemens-Handy nachschaut, gibt
es dort Klingeltöne in drei Kategorien: fünf Standardruftöne,
achtzehn klassische und fünf, die als «diskret» beschrieben
werden. Fischer hätte sich also als Außenminister durchaus
für einen diskreten Ton entscheiden können. Er aber nimmt
– «Ernsthaftigkeit» und «Würde» des Amtes verpflichten –
lieber einen «klassischen». Und von den klassischen ist es
dann aber auch gleich der allerallererste klassische Ton, es
kommen noch siebzehn weitere Bildungsbürgermelodien;
die hätte er jetzt aufmerksam durchhören und sich je nach
Gemütslage für einen angemessenen entscheiden können.
Aber nein – und wir fragen uns, welche weiteren Schlüsse
das auf Fischer zulässt –, er nimmt den ersten klassischen.
Warum? Vermutlich hat er darüber gar nicht nachgedacht,
hat gesagt: Den kenne ich, den habe ich doch schon mal bei
Emerson, Lake & Palmer gehört, passt!
Die nächste Frage, die sich stellt: Was hat es eigentlich mit
dieser Toccata und Fuge d-Moll, Bach-Werke-Verzeichnis
565, auf sich? Verbirgt sich hinter Fischers Klingeltonwahl
eine tiefere Bedeutung? Dafür lohnt es einen kurzen Blick
in die Entstehungsgeschichte des Werks: Entstanden ist das
Stück um 1705 im thüringischen Arnstadt. Bach, damals um
die zwanzig, war dort Organist; eine relativ üppig dotierte
Festanstellung. Aber Bach war zugleich ein großer Fan von
Dietrich Buxtehude, der wiederum in Lübeck rumgeorgelt
hat. So hat Bach sich vier Wochen Urlaub genommen, ist
zu Buxtehude gefahren und erst nach einem Vierteljahr
zurückgekommen – selbst Weihnachten mussten die Arn-
städter ohne ihn und seine Orgelkünste feiern. Als er zurück-
kommt, wird er – verständlicherweise – rausgeschmissen und
schreibt das berühmte Orgelstück. So haben wir es hier also

mit einer Art Arbeitslosenblues und zugleich – «Wir sind in diesen schwierigen Stunden des 11. September alle Amerikaner» – mit einer Erklärung bedingungsloser Solidarität mit Buxtehude zu tun. Genau in dem Moment, in dem die bedingungslose Solidarität mit den Vereinigten Staaten erklärt wird, klingelt auf Fischers Handy diese Hymne bedingungsloser Solidarität. Da treffen Welt-, Musik- und Klingeltongeschichte aufs sympathischste aufeinander. Und wo? Im Fernsehen. Aber so richtig begriffen werden kann es nur misstrauischen Blickes und in gründlicher Reflexion und Recherche.

STALIN, SCHAH UND JACOB SISTERS

Es wurde ja schon jede Menge über die Ursachen des 11. September geredet und geschrieben. Und auch wenn man es nicht so gerne hört, muss auch hier noch einmal betont werden, dass der Westen an dem Angriff auf das World Trade Center nicht ganz schuldlos ist. Leicht wäre es natürlich, an dieser Stelle die Sünden der Amerikaner aufzulisten, die bis heute glauben, ihre ökonomische Potenz rechtfertige weltweit sämtliche Formen der Bevormundung anderer Völker. Daran wollen wir uns hier nicht beteiligen, haben doch auch wir Deutschen schwere Schuld auf uns geladen. Ja, vielleicht geht der sogenannte Clash of Civilisations, der Krieg der Kulturen, sogar ursächlich auf uns zurück. Es gibt nämlich ein von Politik und Geschichtswissenschaft bis heute beharrlich verschwiegenes Schlüsselereignis, das als mindestens ebenso ursächlich für die Spannungen zwischen westlicher und islamischer Welt angesehen werden kann wie das Attentat auf den österreichisch-ungarischen Thronfolger Erzherzog Franz Ferdinand im Sommer 1914 für den Ersten Weltkrieg. Es ist ja nicht so, dass der Krieg nicht stattgefunden hätte, wenn damals in Sarajevo keine Schüsse gefallen wären; aber wer für seinen Krieg Massen mobilisieren will, benötigt einen plakativen Anlass, sei es nun ein Prinzenmord, Massenvernichtungswaffen, die vermeintlich in der Wüste nomadisieren, oder der Überfall auf eine deutsche Radiostation.

In diese sogenannte Sender-Gleiwitz-Traditionslinie reiht sich auch jene Begebenheit ein, von der hier die Rede sein soll. Obgleich – und das macht die Sache besonders rätselhaft – die Sprengkraft, die diesem Ereignis innewohnt, bis heute weder begriffen noch politisch ausgebeutet wurde. Aber vermutlich hält man es nur atombombengleich unter Verschluss, um es uns irgendwann mit einem großen Knall zu präsentieren. Wozu, fragt man sich, braucht der Iran Atomwaffen, wenn er mit diesem Fernsehausschnitt auftrumpfen kann? Einmal bei Al-Dschasira in die Heavy Rotation genommen, und schon würde die muslimische Welt geschlossen zur Mutter aller Schlachten über Atlantik und Pazifik in Richtung Washington beziehungsweise ins sächsische Schmannewitz (Gemeinde Dahlen) rudern.

Doch nun sind der warnenden Vorworte genug geflossen, jetzt muss es heraus: Es geht um die Jacob Sisters in Teheran! Wie viele wirkungsmächtige deutsche Geister stammen auch sie aus Sachsen, stehen in einer Reihe und in engstem geistigem Schulterschluss mit deutschen Denkern wie beispielsweise Karl May oder sagen wir Durs Grünbein.

1959 in den Westen gegangen, sind sie in den sechziger und frühen siebziger Jahren als Gesangsquartett zu einiger Popularität gekommen. Ihr Markenzeichen sind bis heute strohblondes Haar, vier weiße Pudel und mäßiges musikalisches Können. Inzwischen leben nur noch drei der vier Schwestern, und außer im MDR-Fernsehen tauchen sie kaum noch auf dem Bildschirm auf. Aber gefürchtet werden sie immer noch. 2006, kurz vor seinem Tod, ließ der legendäre Showmaster Rudi Carrell verfügen, dass seine Beerdigung unter Ausschluss der Öffentlichkeit stattzufinden habe. Als Begründung gab er wörtlich «Angst vor den Jacob Sisters» an, die mit ihren Pudeln die Atmosphäre der Beisetzung «zerstören» würden.

Wir können davon ausgehen, dass Rudi Carrell einer der wenigen Eingeweihten ist, der den Auftritt der Jacob Sisters in Teheran kennt.

Stattgefunden hat er 1973, in einer Zeit also, da der Stern der vier sächsischen Schwestern allmählich zu sinken begann. Eher zufällig hat ein Kamerateam die Bühnenshow dokumentiert, und hier ist das Fernsehen dann erneut wirklicher als die Wirklichkeit. Aber um dies in seiner ganzen Tiefe zu begreifen, bedarf es natürlich eines hier immer wieder gepredigten grundsätzlichen Misstrauens dem Medium gegenüber. Denn wirklich und wahrhaftig und ganz real ist es meist dort, wo es keine Sau merkt; wie hier bei der scheinbar banalen Berichterstattung über einen Gastauftritt der Jacob Sisters. An diesem Ausschnitt lässt sich mehr über die Gegenwart, über, sagen wir mal, die Geschichte der zweiten Hälfte des 20. Jahrhunderts begreifen als in zehn Guido-Knopp-Sendungen. Aber eben nur, wenn man genau hinschaut.

Teheran – die Stadt an sich ist natürlich schon ein Ort von welthistorischer Bedeutung: Bei der Konferenz von Teheran treffen sich hier Ende 1943 Churchill, Roosevelt und Stalin und verteilen das Fell des Bären; legen fest, wie nach der Niederlage Hitlers Europas Landkarte neu geordnet werden soll, und entscheiden über die Eröffnung der zweiten, der

Westfront. Dreißig Jahre später sind nun die Jacob Sisters in Teheran. Wo natürlich jeder historisch gebildete Zeitgenosse nachfragen wird: «Mal schauen, was die da so beschließen!» Aber die Jacob Sisters beschließen gar nichts, die singen! Und zwar mit Folgen, die sich durchaus an der Höhe dessen, was durch Stalin, Roosevelt und Churchill erreicht wurde, messen lassen können. Nur leider in etwas fatalerer Art und Weise.

Das fängt schon mit der Location an: Die vier Schwestern singen nicht irgendwo, sondern im angesagtesten Nacht-club der Stadt. Man muss vielleicht dazu sagen, dass der Iran 1973 noch keine islamische Republik, sondern eine vom Westen hofierte blutige Diktatur war. An dessen Spitze stand Schah Reza Pahlavi, der wiederum für die deutsche Nach-kriegsgeschichte von Bedeutung ist, weil er quasi unfreiwillig dazu beitrug, dass sich ein Teil der außerparlamentarischen Opposition in den Terror verabschiedete. Als der Schah im Juni 1967 Westberlin besuchte, erschoss die Polizei den Stu-denten Benno Ohnesorg, der zusammen mit Kommilitonen vor der Deutschen Oper gegen den Empfang des Diktators demonstrierte. Ohnesorgs Tod am 2.6.1967 wurde zum Fanal der Radikalisierung der APO, also zum Startschuss eines Marsches, der dann bei der RAF endete.

Vier Bannerträger sächsischer Kultur

Sechs Jahre später der Gegenbesuch der Jacob Sisters in Teheran. Und tatsächlich hinterlässt ihr Auftritt eine ähnlich verheerende Spur: Der Schah dankt ab und stirbt in Ägypten an Krebs;

Ajatollah Khomeini kehrt aus dem Exil zurück, die Islamische Republik wird gegründet; Mahmud Ahmadinedschad, radikaler Islamismus, Schurkenstaat – zack!

Um sich diesem bizarren Phänomen nun zu nähern, beginnt man am besten mit einer ästhetischen Interpretation. Denn auch, wenn man es nicht wahrhaben will, so strahlen sie doch eine bestimmte Form von Faszination aus; eine Faszination, die jetzt gewissermaßen in ihrer Distanziertheit, in ihrer Fremdheit an Ernst Jünger erinnert. Zugegeben, ein kühner Bogen, den zu schlagen ich auch nicht gewagt hätte, würde nicht ein anderer Sachse als Brückenpfeiler Pate stehen: Heiner Müller. Der hat über Ernst Jünger gesagt, bevor dieser Erfahrungen mit Frauen habe machen können, habe er Erfahrung mit dem Krieg gemacht.

Eine Bemerkung, die hilft, Jünger zu begreifen. Und diesen Satz kann man jetzt gewissermaßen auf die Jacob Sisters anwenden, indem man sagt: Bevor sie Erfahrung mit Männern machen konnten, haben sie Erfahrungen mit weißen Pudeln gemacht.

Damit ist zwar nicht alles erklärt, aber wenigstens das eigentümliche ästhetische Faszinosum Jacob Sisters. Eine Fremdheit und Widersprüchlichkeit, die einen förmlich zum Hinschauen zwingt. Eine Sogwirkung also, die durchaus mit der Anziehungskraft Ernst Jüngers zu vergleichen ist, wenigstens physikalisch.

Diese vier sächsischen Magnetessen stehen nun 1973 in Teheran und singen. Und das in einem Nachtclub, in dem die Schahfamilie ein und aus geht. Und was trällern sie als Erstes? Respekt! Sie singen einen Song, der ihre Zonenherkunft sofort deutlich macht: «Kalinka», ein russisches Volkslied.

«Kalinka» in Teheran will nicht ganz naheliegend erscheinen, aber naheliegend ist bei diesem Ausschnitt sowieso gar nichts. Das fängt bereits mit dem Namen des Quartetts an

– Jacob Sisters. Jakob, das ist einer der wenigen, vielleicht sogar der einzige Name, der im islamischen, im jüdischen und im christlichen Glauben als Vorname funktioniert. Ist das nun so intellektuell durchtrieben, wie es scheint? Ein ganz subtiler Verweis auf Lessing, die Ringparabel, Nathan den Weisen? Schaut man aber ein zweites Mal hin, stellen sich doch starke Zweifel ein; denn was da steht, erinnert eher an Jacobs Kaffee, Frau Sommer, Rüschenbluse und Schwarzwälder Kirschtorte als an die Absicht interreligiöser Verständigung.

Nelken-Revolution?

Und richtig, denn während sie da noch so «Kalinka» singen, gehen die vier auch schon von der Bühne runter und rein ins Publikum. Dort sitzt als Ehrengast des Abends die Schwiegermutter des Schahs. Und was machen die drallen Schwestern aus Schmannewitz? Sie gehen schnurstracks auf die Schah-Schwiegermutti zu und schütteln ihr die Hand. Die ist völlig überrascht, sind doch bei Hofe solch stürmische bürgerliche Begrüßungsrituale eher ungern gesehen; hier fällt man auf die Knie oder küsst den Boden, vielleicht auch die Hand. Aber daran denken die Jacob Sisters gar nicht: Nein, wir empfinden uns als auf dem Boden der freiheitlich-demokratischen Grundordnung stehend, wir küssen keine blutigen Diktatorenschwiegermutterfinger. Vielleicht aber kennen sie es auch nur nicht anders, schließlich kommen sie aus einem Arbeiter- und Bauernstaat. Für eine solche apolitische Naivität spricht auch die Wahl der Blumen, die sie der Schwiegermutter Reza Pahlavis überreichen. Alle möglichen Sorten kämen bei einem solchen Anlass in Frage. Man könnte Rosen schenken, man könnte Veilchen schenken, man könnte Stiefmütterchen überreichen, was natürlich ein bisschen zu anspielungsreich wäre – warum muss es hier und jetzt die weiland als Rote-Fahnen-Ersatz fungierende Nelke sein? Vielleicht doch die Spätfolgen kommunistischer Erziehung?

Bevor man weiter darüber nachgrübeln kann, stehen die vier auch schon wieder auf der Bühne, haben ihre russischen Pudelpelzmützen abgelegt und machen etwas, das bis heute allzu verbreitet ist, was sie aber definitiv nicht können. Die Jacob Sisters sagen sich nämlich selber in einer Sprache an, die sie für Englisch halten. Ein Akt der Hoffart, die auf dem Missverständnis beruht, dass es keinen wesentlichen Unterschied zwischen sächsischem und angelsächsischem Sprechen gäbe beziehungsweise geben könne, da alle angelsächsischen Sprachen von Australien über England bis nach Nordamerika ja letztlich nur dialektische Unterformen des Sächsischen sind. Wer Sächsisch kann, so meinen sie, ist überall in der Welt zu Hause und zu verstehen.

Aber es kommt noch schlimmer. Und das liegt an dem zweiten Song des Jacob-Sisters-Programms. Nur noch einmal zur Erinnerung: Wir schreiben das Jahr 1973, sind im Teheran des Schahs, der sich nur mit Hilfe der USA auf seinem Thron halten kann; sein Geheimdienst wird von der CIA unterstützt, seine Armee mit amerikanischen Waffen gefüttert. Und hier singen die Jacob Sisters in die Ohren der anwesenden Schwiegermutter des Despoten nichts anderes als «Blowin' in the Wind», die Hymne der amerikanischen Antikriegs- und Bürgerrechtsbewegung. Die Jacob Sisters singen Dylan.

Aber wie sie den Song darbieten, macht klar: Das kann nicht ernst gemeint sein! Das ist Kaffeefahrtenprotestkultur, das ist nicht Dylan light, das ist Bob without balls.

Aber letztlich sind das alles nur Feinheiten, die einen Moslem kaltlassen können. Kalinka oder Dylan, Nelke oder Pudelmütze, egal. Was aber jeden Rechtgläubigen wirklich auf die Palme treiben muss, was an Demütigung nicht mehr zu übertreffen ist, das sind die Kostüme, in denen die Jacob Sisters stecken – ein Faustschlag in das Gesicht eines jeden Mohammedaners.

Auch westlichen Augen gibt das Outfit der Jacob Sisters Rätsel auf. Das mit Abstand größte Rätsel ist die Frage: Wie sind die da reingekommen?

Vieles von dem, was ich hier ausführe, ist natürlich biographisch grundiert. Deshalb fällt mir bei den Kostümen der Jacob Sisters immer meine Wehrdienstzeit ein. Damals musste ich drei Tage in einer Armeefleischerei arbeiten und Wurst herstellen. Es gab einen großen Kessel, in dem die Wurstmasse steckte, und aus diesem Kessel ragte ein gebogenes Eisenrohr. Der Kessel wurde unter Druck gesetzt, und die Wurstmasse schoss durch das Rohr, sobald man ein bestimmtes Ventil öffnete. Zuerst zog man einen leeren Darm über das Rohr, dann öffnete man vorsichtig das Ventil, und die Wurstmasse schoss heraus. Im nächsten Augenblick drehte man das Ventil wieder zu, verknotete das Ende des Darms, und schon hatte man eine feine Wurst.

Meine These ist jetzt, dass in der Garderobe der Jacob Sisters genau solch ein Kessel stand, ein riesiger Druckbehälter mit Jacob-Sisters-Masse. Nur dass dort statt Kunst- oder Naturdarm Schlagersängerinnenkostüme übers Rohr geschoben wurden.

Und damit sind wir endlich bei der tiefen Kränkung der gesamten islamischen Welt. Natürlich wollen wir den Jacob Sisters keine böse Absicht unterstellen – sie wussten es nicht anders. Aber man kann mit an Sicherheit grenzender Wahrscheinlichkeit, nein, mit Sicherheit davon ausgehen, dass in der Jacob-Sisters-Masse im Teheraner Garderobenkessel jede Menge Schweinefleisch enthalten war! Das sieht selbst ein ungeübter Betrachter.

Für uns ist das vielleicht abstoßend oder bizarr, letztlich nur eine Anekdote – für einen rechtgläubigen Moslem muss es aber die Hölle sein. Eine derartige Kränkung musste früher oder später kompensiert, gerächt, wiederschlechtgemacht werden. Erst die Kreuzzüge des Mittelalters und dann auch noch die Jacob Sisters in Teheran! Ohne jeden Zweifel finden sich hier die Wurzeln des radikalen Islamismus. Er wurde geboren aus dem Hüftspeck der Jacob Sisters, er gründet im hohen Schweinefleischanteil des deutschen Schlagers und in der Unverfrorenheit und bodenlosen Naivität singender Sächsinnen.

ASSYRISCHE GIPSLÖWEN, ANTIIMPERIALISTISCHES LIEDGUT
und **LEERE PEPSI-FLASCHEN**

wir widmen uns jetzt einem Ausschnitt, der auf der formalen Ebene von Deklassierung und auf der realen Ebene von Klassierung handelt. Wir sehen eine Zusammenrottung junger Menschen, die sich «Ensemble Musik und Bewegung» nannte und sich zu DDR-Zeiten im «Haus der jungen Talente» in Berlin, dem heutigen «Podewil», traf. Ich finde es übrigens verwerflich, dass man auf diesen distinktionsgewinnenden Namen so leichtsinnig verzichtet hat. Und so boykottiere ich in aller Regel mit fröhlicher Ignoranz diesen Veranstaltungsort. (Warum sachlich bleiben, wenn man auch persönlich werden kann? Sachen persönlich nehmen – auch und gerade die sachlichen Angelegenheiten – macht nachdenklich und verspricht im besten Fall einen Erkenntnisgewinn, der sich nicht einstellen würde, bliebe man sachlich. Sachlich bedeutet: Kann man nichts machen; persönlich heißt: Das ist mein Problem, und ich frage mich, was die Dinge für mich konkret bedeuten!)

Das «Ensemble Musik und Bewegung» nun tritt in einer Sendung auf, die auch hätte umbenannt werden müssen, wäre sie übernommen worden, denn sie hieß «Wir lieben das Leben». Ebenfalls ein wunderbarer Titel. Den würde man heute doch gerne in einer Fernsehfachzeitschrift lesen. So eine Sendung würde ich mir sofort mit einem neongrünen Marker ankreuzen, den Videorecorder programmieren, mich vor den Fernseher setzen und Freunde dazu einladen: «Wir lieben das Leben». Das tue ich nämlich auch; und selbst wenn einem mal wegen depressiver Verstimmung nicht so ist, so könnte es doch helfen, zu sehen, dass andere Menschen durchaus Gründe finden, das Leben zu lieben.

Nun zur Anmoderation, an sich eine Form gesunkenen Diskursguts. Es gibt ja den gängigen Begriff des «gesunkenen Kulturgutes», der zum Beispiel assyrische Löwen meint, die als Gipsfiguren ein Einfamilienhaus bewachen müssen; oder der Johannes B. Kerner meint, von dem man glaubt, dass er eine Talkshow macht; oder auch jene Schriftzeichen des Reiches der Mitte, hinter denen sich die Waschanleitung für chinesische Stützstrümpfe verbirgt und die heute die Oberkörper junger Westeuropäer schmücken. Begeben wir uns nun also in eine Senke der Fernsehansagen, die gefüllt ist mit gesunkenem Diskursgut: Ein teiggesichtiger Moderator sagt in einer Kinderfernsehsendung den Programmpunkt «Ensemble Musik und Bewegung» an, ist aber dabei auch in sich so untercodiert oder übercodiert – auf jeden Fall so fehlcodiert –, dass er hinzufügen muss, dies sei eine Sendung, die sich selbst als politische Sendung begreife. Das heißt, er kündigt Kindern ein harmloses Kinderensemble an, das eine harmlose Melodie spielt, gießt seine Ansagen-Knetmasse aber in die Gussformen einer Politbüro-Verlautbarung. Es geht um ein chilenisches Lied, das nicht näher spezifizierte Kämpfer und Unterdrückte angeblich besonders gerne hören. Nun

kämpften die aber tendenziell eher außerhalb des Sende-
bereiches des DDR-Kinderfernsehens. Darüber hinaus würde
man natürlich gerne wissen, wer da kämpft, wofür er kämpft
und von wem er so sehr unterdrückt wird, dass der Einsatz
des «Ensembles Musik und Bewegung» nötig wird. Vermutlich werden die gesunkenen Kämpfer und Unterdrückten nur
bemüht, weil im Lied von einer Saat die Rede ist, die aufgeht.
Das ist zwar auch keine Erklärung, klingt aber gut: Kämpfer,
Unterdrückte, Optimismus. Gesunkenes Saat- und Diskursgut
– ein Einstieg, der nichts Gutes verheißt. Dann tritt endlich
das «Ensemble Musik und Bewegung» auf, wobei man schnell
feststellen wird, dass es in diesem Ausschnitt relativ wenig
Bewegung, dafür aber umso mehr Musik gibt. Ganz klar, wir
haben es hier mit innerfernsehlich gesunkenem Diskursgut
zu tun. Kommen wir nun zum außerfernsehlich gehobenen
Realgut: Aus dem akuten Pan- oder Andenflötenmangel,
der in der DDR aus erklärlichen Gründen herrschte, wird die
chilenische Melodie nämlich auf Panflötenimitaten aus Cola-
Flaschen (!) gespielt. Dazu wurden die Flaschen liebevoll in
einen kleinen Drahtkorb gespannt und unterschiedlich hoch
mit Wasser gefüllt, damit sie unterschiedliche Töne abgaben.
Schaut man genauer hin, sieht man, es sind erstaunlicher-
weise Pepsi-Flaschen, die im Gegensatz zu DDR-Cola-
Flaschen von kinderhandkompatiblem Durchmesser waren.
Was politisch fragwürdig erscheinen muss, findet seine
schöne Erklärung im Ökonomischen. In der DDR gab es tat-
sächlich einen Pepsi-Cola-Betrieb, der in Rostock produzierte.
Dahinter verbirgt sich ein ausgeklügeltes Konzept: Der Kapi-
talismus versucht – wie es so seine Art ist – neue Märkte zu
erschließen, und Pepsi kommt auf die gewagte Idee, in der
Zone eine Cola-Fabrik zu eröffnen; Pepsi produziert DDR-
Pepsi, um so dem Konkurrenten Coca-Cola zuvorzukommen.
Das funktioniert auch, nur nicht gut. Pepsi-Cola war im

Osten zwar grundsätzlich durchaus begehrt, gleichzeitig wurde ihr aber ausgesprochen misstrauisch begegnet, denn mit einer Brause, die in Rostock produziert wurde, konnte ja etwas nicht stimmen. Entweder Pepsi oder Osten – eine DDR-Pepsi hatte ungefähr den Realitätsgrad, den ein Reisebüro

Cola-Flaschen-Konversion

in Schwedt oder eine Theaterkritik in der «Bild»-Zeitung hat. Außerdem war Pepsi-Cola für den Ostgaumen viel zu süß. Wer mit Club-Cola und Vita-Cola sozialisiert war, brauchte schon einen gehörigen Hass auf den Kommunismus, um diesen siruppartigen Geschmack der Pepsi ertragen zu können. Es gab aber noch andere gute Gründe, einer Pepsi-Cola mit Misstrauen zu begegnen; kannte man doch aus den Reformhäusern im Osten den sogenannten Pepsinwein, im Grunde eine Mischung aus sechzehnprozentigem Alkohol und Magensaft, die angeblich gegen Sodbrennen half. Wenn also gerade die Dessertwein-Industrie der Südstaaten des Ostblocks unter Produktionsengpässen litt, griff man eben zu einheimischem Reformhaus-Pepsinwein, der magenfreundlich war und trotzdem drehte – also eigentlich eine ganz gute Alternative darstellte, aber eben nach Pepsin, der namengebenden Komponente von Pepsi-Cola, schmeckte. So hing dann dem Lifestyle-Getränk Pepsi letztlich der Pesthauch von Mundgeruch, offenem Bein und Bruchbinde an. Zudem war Pepsi auch unverschämt teuer: Eine Flasche kostete, glaube ich, 1,50 Mark. – Jetzt bitte keine augenzwinkernden «Aluchip, Aluchip»-Rufe; eins fünfzig sind eins fünfzig: Dafür bekam man fast zehn Flaschen einer orangefarbenen Rentnerbrause von avantgardistisch-abstraktem Geschmack, die nur sechzehn Pfennig kostete und zudem noch voluminöser als eine Pepsiflasche war. Wenn man das umrechnet, konnte man die Flüssigkeitsmenge von zwanzig Pepsis für den Preis einer Pepsi bekommen. Und es ist nicht so, dass die Ostler nicht rechnen konnten!

Diese exklusiven Pepsiflaschen also tauchen hier nun als Panflöten auf! Vielleicht eine ästhetische Handreichung in Richtung der chilenischen Unterdrückten und Kämpfer, die bestimmt keine DDR-Brauseflaschen kannten. Und jetzt kommt, was diesen Fernsehausschnitt politisch so brisant macht: Weil es schlechterdings unmöglich war, eine Melodie, an der die Kämpfer und Unterdrückten ihre besondere Freude haben sollten, weil sie von der aufgehenden Saat erzählt, im DDR-Fernsehen einfach so auf Pepsi-Flaschen zu spielen, musste das dem Anliegen hohnsprechende Pepsi-Emblem entfernt werden. Das wiederum war gar nicht so einfach, denn es war im Siebdruckverfahren aufgebracht. Man kann sich also gut die armen Kinder vorstellen, die – dem Befreiungskampf in der Dritten Welt verpflichtet – nun Pepsi-Flaschen abschaben, damit das Zeichen des kapitalistischen Erzfeindes verschwindet und man die Flaschen mit floralen Mustern neu bedrucken kann.

Die Mädchen des Ensembles tragen aus unerfindlichen Gründen allesamt seltsame, von keiner bekannten Mode diktierte, aber auch nicht übermäßig praktische Sackkleider. Wahrscheinlich wurden sie extra angefertigt, waren ensemblespezifisch und wurden nur aus politischen Gründen getragen. So wie der Fernsehkoch der DDR immer nur Sachen kochen durfte, die Zutaten enthielten, die zur Zeit der Ausstrahlung der Sendung wenigstens in weiten Teilen der DDR erhältlich waren. Bei einer sehr beschränkten Zutatenauswahl und

einer dementsprechenden
Möglichkeit, diese zu
kombinieren, bleibt natürlich die Zahl der zu emp-
fehlenden Rezepte recht
überschaubar: Rotkohl ist
verfügbar, Margarine ist
käuflich zu erwerben, bei
Zucker und Mehl gelingt
es dem Staat ebenfalls,
den Bevölkerungsbedarf
in weiten Teilen des Lan-

Edle Einfalt, stille Größe

des abzudecken. Wie bereitet man daraus aber nun einen
Mohrrübeneintopf?

So wurde der damals möglicherweise herrschenden Sack-
Schwemme in der DDR mit der Produktion von Kleidern
begegnet, die ihrer Herkunft verpflichtet waren.

Das bringt mich wiederum zu einem Film von Straub/Huillet,
den ich damals im Westfernsehen gesehen habe. Jean-Marie
Straub und Danièle Huillet, zwei Avantgarde-Filmemacher,
nahmen sich eine Verfilmung von Hölderlins «Empedokles»
vor. In tiefer jungschwärmerischer Hölderlin-Begeisterung
war ich sehr gespannt auf das Resultat. Zu sehen waren dann
zwei Gestalten, die die gleichen Sackkleider trugen wie das
«Ensemble Musik und Bewegung». Nichts rührte sich, weder
die Kamera noch die beiden Gestalten. Sie deklamierten ganz
textgetreu und antiinterpretatorisch Hölderlins Verse – ein
«Ensemble keine Musik und keine Bewegung». Nach einer
halben Stunde bin ich eingeschlafen, wofür ich mich heute
noch sehr schäme, weil ich mir wie eine doofe Medienkon-
sum-Sau vorkam, die bei großer Kunst einfach abschaltet.
Schrecklich!

Rein äußerlich erinnert mich unser Pepsi-Panflötenbeitrag

sehr daran. Aber um ihn und Straub/Huillet richtig zu verstehen, muss man natürlich auch über Hintergrundinformationen verfügen, die uns das Fernsehen nur in den seltensten Fällen liefert. Das Eigentliche sieht man eben nicht.

Eltern, die ihre Kinder in den siebziger und achtziger Jahren ein bisschen alternativ oder ein bisschen künstlerisch erziehen wollten, schickten diese zu Annie Sauer. Sie war die Leiterin des «Ensembles Musik und Bewegung» und hat eine sehr interessante Biographie – was man nicht glauben möchte, wenn man nur diese Bilder kennt.

1906 im Harz geboren, lernt Anni Sauer modernen Ausdruckstanz, in der Art von Palucca oder Wickham. Ihr Großvater war Kantor einer Synagoge in Leipzig, ihr Vater Krämer. Sie ging in die große Stadt, verschrieb sich dem modernen Ausdruckstanz, wurde Kommunistin, Antifaschistin. Nach der Machtübernahme der Nazis emigriert sie nach Frankreich, verteilt dort antifaschistische Flugblätter, was nicht so gerne gesehen wurde, sie wird ausgewiesen und geht nach Moskau.

1936 findet in Moskau eine Art kommunistische Arbeiter-Gegenolympiade statt. Annie Sauer choreographiert dazu ein großes Massenereignis auf dem Roten Platz mit 10 000 Arbeitersportlern, Stalin schaut vom Lenin-Mausoleum aus zu. Ihr Bruder ist zu der Zeit Dozent für Deutsch an der «KOMINTERN-Schule Karl Liebknecht». Ein Jahr später wird er erschossen und sie als Spionin vom NKWD verhaftet und zu achtzehn Jahren Gulag verurteilt. Dazu muss man sagen, dass es in den stalinistischen Prozessen eigentlich nur zwei Urteile gab; entweder wurde man sofort an die Wand gestellt oder zu wahlweise fünf, zehn, zwölf, fünfzehn oder achtzehn Jahren Arbeitslager verurteilt. Das machte aber keinen großen Unterschied, denn war man erst einmal im Lager, bedurfte es für die Entlassung einer neuerlichen richterlichen

Entscheidung. Rechtsanspruch bestand natürlich nicht. Insofern belief sich das Urteil in den meisten Fällen auf lebenslänglich – ein Begriff, der mit unserer Vorstellung von langem Leben wenig zu tun hatte. Annie Sauer geht nach Sibirien, wird aber irgendwann von der Familie Liebknecht, die auch in Moskau sitzt, aus dem Lager geholt. Mit dabei Kurt Liebknecht, der einer der wichtigsten Architektur-Ideologen der DDR wird. Die DDR-Architektur tritt mit der Bauhaus-Moderne an, Henselmann will Laubengangsiedlungen in der Stalinallee errichten, wird dafür aber vom Politbüro abgewatscht. Daraufhin zeichnet er das ganze Programm für die Stalinallee über Nacht um und hängt vor alle Gebäude die von Kurt Liebknecht geforderte klassizistische Fassade. In Architektenkreisen nannte man Liebknecht nur *Kulinatra*, was für «Kurt Liebknecht, nationale Tradition» stand; die «nationale Tradition» war sein Credo. Vorbild dafür war Semper, nicht der ortlose Modernismus des Bauhauses. Es musste klassizistisch sein, schön aussehen, sodass die Leute sich wohl fühlten, sich ihrer Tradition bewusst wurden, sich darin wiedererkannten.

Von dieser Familie wird Annie Sauer aus dem Gulag geholt, kommt dann 1957 in die DDR und gründet das «Ensemble Musik und Bewegung». Eine Schweigepflicht wird ihr auferlegt, sie darf nicht über ihre Erfahrungen sprechen, wird dann zur heftigen Gorbatschowistin. Die Vergangenheit, die verdrängten Traumata holen sie wieder ein; sie stirbt im Oktober 1989. Es ist kein Selbstmord, kommt dem aber sehr nahe.

«La semilla» – dreißig Jahre später singt Devendra Banhart dann wieder diesen Song von einer Saat, die aufgeht ...

Nur für wen? Jedenfalls ohne Pepsi-Flaschen und nicht im DDR-Kinderfernsehen. So vollzieht sich eben Geschichte! Aber: «Wer hat's erfunden ...?»

Moderator: Vom «Ensemble für Musik und Bewegung» hören wir jetzt eine südamerikanische Weise aus Chile, «Semilla». Die Unterdrückten und die Kämpfer, die lieben diese Melodie besonders, weil, sie erzählt von einer Saat, die aufgehen wird. «Semilla».

Eine Saat geht auf

SCHEITERN, TRINKEN, TANZEN oder WIE DER AUFRUHR UNTER MUTTERS SCHOSSROCK STARB

1989 kam ein melancholischer Film in die Kinos. Er hatte den schönen Titel «Überall ist es besser, wo wir nicht sind». Und obgleich es in dem Streifen um ein polnisches Pärchen ging, das davon träumt, endlich einmal nach Amerika zu kommen, war der Film einer der passendsten cineastischen Kommentare zum Mauerfall. Solange es zwei Deutschländer gab, konnte sich der Ostler einreden, dass es allein die hermetisch abgeriegelte Westgrenze war, die seine Persönlichkeit daran hinderte, sich wie Phönix in der Asche zu entfalten. Es gibt diesen Witz vom Stotterer, der mit seiner Bewerbung als Nachrichtensprecher beim DDR-Fernsehen scheitert, zu Mutti nach Hause kommt und schimpft: «War ja kl..., kl..., klar, ham mich n..., n..., nicht g..., genommen.» Sie: «Und warum?» Er: «W-w-w-w-weil ich nicht in d-d-d-d-der P..., P..., P-P-Partei bin.»

Als die Mauer dann fiel, blieb das Stottern, aber mit den so praktischen Schuldzuweisungen war es vorbei und der Katzenjammer groß. Man konnte jetzt zwar überallhin, musste aber schnell erkennen, dass Mann und Frau – egal, wie weit sie fuhren – überall nur auf sich selber trafen. Das Scheitern wurde seiner politischen Dimension beraubt und über Nacht zur Privatangelegenheit.

Es wird ja hier und dort gern behauptet, Schuld daran trüge das Westfernsehen; ARD und ZDF hätten in den Zeiten des Kalten Krieges bei den eingemauerten DDR-Bürgern mit ihrer vermeintlich affirmativen Berichterstattung eine unerfüllbare Heilserwartung genährt. Damit wäre der mentale Zusammenbruch des Ostens nach der Wiedervereinigung quasi vorprogrammiert gewesen. Das aber stimmt so nicht. Sicher gab es östlich der Elbe genügend schlichte Gemüter, die annahmen, die Welt auf der anderen Seite des Eisernen Vorhangs wäre tatsächlich so schön bunt, wie sie sich in den Werbespots des Vorabendprogramms präsentierte, wo man zur Margarine das Einfamilienhaus und zum Kaffee eine liebenswerte Schwiegermutter bekommt. Aber dafür kann das öffentlich-rechtliche Fernsehen der Altbundesrepublik nichts. Im Gegenteil: Oft genug hat es mit unbarmherziger Härte seine aufklärerische Pflicht erfüllt und aufgezeigt, dass ein Grenzübertritt nicht genügt, um die geschundene Ostlerseele von all ihren Problemen zu befreien. So etwas bringt natürlich keine Quote, denn wer schaltet schon sein TV-Gerät ein, um ehemaligen DDR-Bürgern beim Scheitern zuzusehen? Grade als Ostler wollte man so was lieber nicht sehen. Zumal wenn es sich, wie im folgenden Fall, um eine völlig unspektakuläre Bauchlandung handelt, der eigentlich jede Dramatik fehlt und die ohne jede Shakespeare'sche Fallhöhe ist.

ES FÄHRT EIN BUS
INS NIRGENDWO

Es gab eine Zeit, in der Fernsehredakteure noch nicht um die Gunst des Publikums buhlen mussten, in der sie noch ihrem eigenen Gewissen und ihren eigenen Ansprüchen folgen konnten und selbst zur besten Sendezeit mit einem Mann aufwarten, dem es an allem Heldischen ebenso mangelt wie an erotischer Ausstrahlung oder humoristischem Talent. Sein Name ist Herbert, und von Beruf ist er Postfacharbeiter; in unserem Zusammenhang agiert er freilich als «Busfahrer, der aus der Kälte kam».

Es fällt schwer, diesen Mann, der 1971 im ZDF seinen großen Auftritt hatte, im Raster der klassischen Bühnenfiguren zu verorten, obgleich seine Geschichte nicht bar theatralischer Momente ist. Denn hier wird eine tragische Liebesgeschichte erzählt, und es gibt kurze Momente, die uns dann doch an Shakespeare, an Romeo ohne Julia oder an einen Hamlet mit Führerschein erinnern.

Die Geschichte ist – man spürt den künstlerischen Anspruch – gebaut wie ein klassisches Bühnenstück. Sie hat einen Anfang, eine Mitte und ein richtiges Ende. Exposition, Steigerung, Peripetie, retardierendes Moment, Katastrophe und dann – wir haben es schließlich mit Fernsehen zu tun: Happy End! Doch der Reihe nach: Herbert ist ein Postfacharbeiter aus dem Osten, der irgendwie in den Westen gekommen ist. Wie und wann, wird uns nicht erzählt, aber so, wie Herbert ausschaut, dürfte es noch nicht allzu lange her sein. Von ihm selbst erfahren wir dazu kaum etwas; er hält sich nicht lange bei den Fakten auf, sondern erzählt von seinen Gefühlen. An erster Stelle wäre da die Einsamkeit zu nennen, der Herbert, unser Neuwestler, durch Erwerbstätigkeit zu entkommen sucht: *Arbeit ist leicht zu finden, Kontakte aber nicht*, diktiert er mit gepresster Stimme in die Kamera und packt sein Pausenbrot aus. Nur zur Erinnerung: Wir befinden uns in den frühen Siebzigern, in einer Welt ohne Online-Partnerbörse oder Telefonsex, aber mit Vollbeschäftigung. Herbert geht also arbeiten, doch an seiner Einsamkeit ändert das nichts. Nein, dieses Gefühl wird sogar stärker, weil plötzlich sein Vater im Osten stirbt, er aber zum Begräbnis nicht in die alte Heimat zurückfahren darf. An dieser Stelle schaltet sich eine sonore Stimme aus dem Off ein und kommentiert, mit unnötig entschuldigendem Unterton, Herberts Seelenlage: *Von nun an, und das ist verständlich, wird der Briefkontakt zur vereinsamten Mutter enger.* Man fragt sich erstaunt, ob damals im Westen vielleicht Briefkontakte zur Mutter verboten oder zumindest verpönt oder aus der Mode gekommen waren. Jedenfalls pflegt Herbert offensichtlich diesen alten Brauch. Das also ist die Ausgangsthese, der aber gleich ein zweiter, nüchterner, denkbar kurzer Satz hinterhergeschoben wird: *Heimweh erwacht.* Eine Sekunde Pause und dann – pseudokausalisierend möchte man sagen: *Herbert wird Straßenbahnschaffner.* Und in diesem knappen dritten Satz erstrahlt plötzlich ein wirklicher poetischer Glanz. Das ist, in seiner Radikalverkürzung, im Sprung vom Heimweh in die Straßenbahn, pure Herzenslyrik. Danach hat es Herbert natürlich schwer, diese poetische Höhe zu halten. Zumal er ja noch immer mit seiner Stullenbüchse auf einer Parkbank sitzt und frühstücken will. Herbert gibt also ein eher unglückliches Bild ab, auch weil er nun tatsächlich noch zu essen beginnt. Die Thermoskanne wird aufgeschraubt, das Butterbrot in den Mund geschoben. So weit, so gut, aber plötzlich dreht er wie auf Kommando seinen Kopf zur Kamera und fährt da fort, wo der Off-Kommentar endete: *Da bin ich unter Menschen, dachte ich, und krisenfest ist es auch.*

Nun ja, das war vielleicht etwas kurz gedacht, denn heute ist der Straßenbahnschaffner eine eher ausgestorbene Spezies, und die verbliebenen Exemplare sitzen in luftdicht abgeriegelten, quarantänetauglichen Kabinen und wollen nicht nur während der Fahrt nicht gestört werden. Aber wir sind ja nicht im Hier und Jetzt, sondern im Jahr 1971 und auf den Spuren Herberts. Der kauft sich, kaum in Lohn und Brot, ein eigenes Auto – einen Gebrauchtwagen, wie er selbst relativierend anfügt. Aber immerhin, vier eigene Räder; zweifellos ein immenser Imagegewinn. Nur leider bringt auch der kein Mehr an menschlichen Kontakten. Der einzig neue Kontakt ist ein unschöner: Herbert hat mit seinem neuen Wagen einen Unfall: *Schuldlos. Totalschaden.* Jetzt ist Herbert am Boden zerstört, und just in diesem Moment passiert etwas völlig Rätselhaftes: *Ostbriefe erreichen ihn*, raunt der Kommentator, und wir erfahren, dass jetzt nicht nur die frisch verwitwete Mutter schreibt, sondern eine *unbekannte junge Frau*. Und damit nähern wir uns dem dramatischen Höhepunkt dieser Geschichte. Herbert verliebt sich in die Fremde, Briefe gehen hin und her, und schließlich reift in ihm der Entschluss, die junge Frau in den Westen zu holen. Illegal, versteht sich. Also fährt er eines Tages mit einem Leihwagen an die innerdeutsche Grenze und überquert bei Nacht und Nebel den Todesstreifen. Auf der anderen Seite soll verabredungsgemäß seine Briefpartnerin harren, zum Grenzdurchbruch gerüstet. Schnitt, Zäsur, Pause – die Spannung steigt, dann meldet sich der Off-Sprecher: *Am nächsten Tag finden Bundesgrenzschutzbeamte das verlassene Leihauto. Auf dem Rücksitz eine Flasche Sekt, zwei Gläser, Obst und Konfekt. Von Herbert keine Spur.* – «Nature morte», wie der Bulgare sagt, wenn er französisch spricht und ein Stillleben meint. Ein Stillleben von höchster innerer Tragik: Sekt, Obst, Konfekt, zwei Gläser! Das geht an die Nieren, da grinst der

Totenschädel der Melancholia aufs melancholischste. Es ist – wie schon im Kurzschluss Heimweh–Straßenbahn zu sehen war – Herberts Stärke nicht, in zeitlichen Verläufen zu denken, den Dingen der Welt ein Nacheinander zu geben; bei ihm herrscht willensstärkste Dauergegenwart. Im fahlen Schein der Flutlichter erträumte er sich ein Liebesfest im Paradies eines Leihwagens! Obst, Sekt, Konfekt. Während im Rückspiegel der Stacheldraht seine filigranen Schatten wirft und Grenzhunde ihr klagendes Geheul vernehmen lassen, klingen im Wageninnern die Sektgläser.

Doch die Wirklichkeit schreibt nüchterne und unerbittliche Prosa: Herbert – die älteren Leser ahnen es sicher schon – wurde verarscht. Statt einer jungen hübschen Zonenmaus empfingen ihn schwerbewaffnete Stasischergen. Kurzer Prozess – nach sieben Stunden Verhandlung das Urteil: fünf Jahre Gefängnis, vermutlich Bautzen. Immerhin, er ist da nicht mehr allein. Damit könnte die Geschichte enden. Das Unrechtsregime hat seine hässliche Fratze gezeigt, und das Westfernsehen hat sie telegen eingefroren. Doch wie gesagt, wir schreiben das Jahr 1971, und noch hat man in den Redaktionsstuben des öffentlich-rechtlichen Rundfunks keine Freude am Aalglatten, an stupider Schwarz-Weiß-Malerei, am plumpen Antikommunismus. Und so geht die Story vom Busfahrer Herbert weiter. Statt fünf Jahren sitzt er nur dreißig Monate im DDR-Gefängnis und wird dann wegen guter Führung entlassen und sofort in den Westen abgeschoben. Und damit sind wir auch schon beim kathartischen Moment dieser atemberaubenden deutsch-deutschen Moritat. Denn nun sehen wir Herbert, den ehemaligen Straßenbahnschaffner, am Lenkrad eines Linienbusses sitzen.

«So durchlauf ich des Lebens Bogen / und kehre, woher ich kam», hätte Hölderlin wohl im Angesicht Herberts gedichtet, und es zeugt von der Größe Hölderlins, diese Zeilen auch ohne Kenntnis von Herberts Schicksal verfasst zu haben.

Älter, reifer, skeptischer geworden ist er jetzt, um nun gefragt zu werden, wie er sich denn jetzt so mit der Situation arrangiert habe. Eigentlich ganz gut, findet er, nur eines stört ihn, und das ist wieder überaus rätselhaft,

So durchfahr ich des Lebens Bogen

man muss erneut an Hölderlin denken: Das griechischtragische Wort, heißt es bei dem, ist tödlich faktisch! In Herberts Fall, dem Bus fahrenden, wegen guter Führung entlassenen Ostpostfacharbeiter und Zonenhäftling, haben wir es zum einen mit einem eher «hamburgischtragischen Wort» zu tun, das nicht mehr ganz so tödlich ist und außerdem auch kein Wort, sondern eine dreibuchstabige Abkürzung ist, die für seinen Geschmack im Westen viel zu oft gebraucht wird: *Dass man das Wort DDR so viel gebraucht, nä?! War früher nicht so viel, vor ein paar Jahren noch.* Man versteht zwar nicht so recht, was es an seiner Situation ändern würde, wenn das Kürzel weniger oft an seine Ohren dringen würde. Aber immerhin hat der arme Mann dreißig Monate im DDR-Knast gesessen, und so sollte man ihm den Groll nicht übelnehmen, auch wenn man ihn nicht versteht. Herbert hat aber noch etwas zu beanstanden; ganz offensichtlich hat er sich inzwischen an die Anwesenheit der Kamera gewöhnt und will das Medium Fernsehen für seine Zwecke nutzen. Das ist sein gutes Recht, schließlich zahlt er Gebühren, und außerdem hat man ihn ja gefragt, was ihm denn noch auf der Seele brennt. Das wäre nun eine prima Gelegenheit, um

Herberts Dämonen

«menschliche Kontakte» zu knüpfen, er könnte an sein noch immer währenddes Junggesellendasein erinnern und um Post von ledigen weiblichen Zuschauern bitten. Immerhin kann er jetzt mit einem Mitleidbonus rechnen, und außerdem ist er Busfahrer und krisenfest. Aber Herbert ist kein Egoist, er denkt an Deutschland und beklagt sich, dass im Westen *die Kriminalität so hoch* sei. Und zur Bestätigung dieser vorwurfsvollen These schwenkt die Kamera nach hinten in den Bus, in dem zwei Muttis und eine Rentnerin das hamburgische Kriminalitätspotential illustrieren. Wo heute rechtsradikale ostdeutsche Jugendliche oder gewaltbereite Migrantenkinder zu sehen wären, gewährt die Kamera 1971 lediglich den Blick auf dauergewellte westdeutsche Hausfrauen. Vielleicht wollte der Kameramann mit dieser Drehung seinen privaten Subkommentar setzen. Herbert, vor denen musst du doch keine Angst haben, höhnt das Bild. Aber kann man Herbert sein Misstrauen verübeln? Zweieinhalb Jahre Gefängnis, und das alles nur, weil er den süßen Worten einer Frau leichtfertig vertraute.

Wir wissen leider nicht, ob es diese Dame tatsächlich gegeben hat oder ob hier lediglich ein MfS-Mitarbeiter mit femininer Handschrift auserkoren wurde, dem unglücklichen Herbert eine Falle zu stellen. Um unvoreingenommen zur nächsten Perle aus den deutschen Fernseharchiven mäandern zu können, nehmen wir einmal Letzteres an.

VOM BIER ZUM WIR

Nach so viel Liebesleid ist es an der Zeit, dem Zwischen-
menschlichen auch eine fröhliche Seite abzutrotzen. Und
was liegt da näher, als auf den deutschen Schlager zurück-
zugreifen? Bis zum Aufkeimen der Neuen Deutschen Welle
stand die ordinäre Paarbeziehung hierzulande thematisch im
Zentrum des populärmusikalischen Schaffens. Dann ging es
um «brennende Schulen», Königinnen, die Räder untendran
hatten, und irgendwann landete man schließlich im «Katze-
klo». Aber dieser merkwürdige thematische Verfallsprozess
soll jetzt nicht unser Thema sein. Denn noch sind wir in der
Hochzeit des deutschen Schlagers und auf dessen genuiner
Bühne, der ZDF-Hitparade. Diese Sendung als furchtbar zu
empfinden fällt leicht, bringt aber nichts. Was Dieter Thomas
Heck da samstäglich über den Bildschirm laufen ließ, war
eben das zur Unterhaltungsshow hochgebrezelte mentale
Elend der vor der Glotze versammelten westdeutschen
Gesellschaft. Und genau deshalb besitzt diese Sendung eine
nicht zu unterschätzende kulturhistorische Relevanz. Nehmen
wir zum Beispiel nur einmal ein so illustres, wiewohl unbe-
kannt bleiben müssendes Pärchen wie «Inga und Wolf». Wer
mit diesen Namen nichts anfangen kann, muss sich nur den
streng gescheitelten Streber mit Kassenbrillengestell und gel-
bem Genscher-Pullunder aus seiner Abiturklasse vorstellen;
ein Typ, der in der Disco auf die Pullunder seiner tanzenden
Mitschüler aufpassen muss und der hier eine junge und
schöne Joan-Baez-Darstellerin nötigt, mit ihm im Duett zur
Gitarre zu singen.

Während Cindy & Bert mit Hits wie «Spaniens Gitarren»
in hausmusikfernen Arbeitnehmerhaushalten abräumen
konnten und Rex Gildo mit «Hossa, Hossa» der Sinnlosigkeit
seines Tuns melancholisch Ausdruck verlieh, versuchten

Der Wolf ...

Inga und Wolf – mit mäßigem Erfolg – das sich bildungsbürgerlich glaubende proletarische Milieu zu mobilisieren. Insofern waren sie auch nur selten zu Gast bei Dieter Thomas Heck. Erst recht, nachdem sie sich 1972 geweigert hatten, mit dem Entertainer gemeinsam auf CDU-Wahlkampftournee zu gehen. Heute wäre das vermutlich kein Problem, aber Anfang der Siebziger glaubten sogar Schlagersänger noch daran, dass sich die Welt wo nicht durch Kunst, so doch durch engagierte sozialkritische Schlager verändern ließe. Und genau vor diesem Hintergrund muss man auch den Auftritt von Inga und Wolf in der ZDF-Hitparade sehen. Guerillamäßig versuchen die beiden hier, Breschen in Feindesland zu schlagen. «Der Revolutionär bewegt sich im Volk wie der Fisch im Wasser», verkündete Mao, und «Mit Güte lockt fast überall die Frau ihr Schweinchen in den Stall», setzte Wilhelm Busch nach. So erleben wir hier zwei gemäßigte Revolutionäre im Schlagerwasser, die mit ausgeklügeltem taktischem Bemühen versuchen, ihr proletarisches Schweinchen ins Diskussionsställchen zu locken. Offensichtlich hat das Pärchen seinen Mao/Busch/Pawlow gründlich gelesen, denn warum sonst hätte man schon im Songtitel ein Wort platziert, welches bei proletarisch sozialisierten Zuhörern reflexartig Speichelfluss auslöst: Bier.

Bier! «Ein Paradigmenwechsel!», möchte man ausrufen, ist doch das gängige, bewährte und, wenn es nicht um Russen (Wodka) oder Wüste (Wasser) geht, einzig erlaubte, erfolgversprechende, dem Genre Schlager angemessene Getränk der Wein – als griechischer, als wilder oder als aus Mykonos stammender. Im Zusammenspiel mit der attraktiven Inga suggeriert die Liedheadline *Komm doch noch auf ein Bier mit zu mir* darüber hinaus ein Versprechen sexueller Freizügigkeit.

... **und die Inga**

Welcher Prolet würde, so infam gelockt, nicht auf diese Einladung eingehen? Freibier und Frei-Inga! Im ungünstigsten Fall Bier und Inga. Egal. Schon ist er in die Falle dieser sehrspätachtundsechziger Hitparadenzuschauerbeglücker getappt, denn nur ein oder zwei Zeilen später ist Schluss mit Sex and Drugs, und die gemäßigten Schlagerrevolutionäre der bahnsteigkartenlösenden maßvollen Mitte sind am Ziel ihres verführerischen Treibens: *Lass uns noch, bevor es hell wird*, heißt es dann nämlich plötzlich, *etwas reden, diskutieren*. Und man kann sich bildhaft ausmalen, wie das aussieht, wie Inga die Bluse wieder zuknöpft, das Bier vom Tisch räumt und Wolf mit der «Peking-Rundschau» ins Zimmer gestürzt kommt. Und wenn man dann als ehrliche Proletenhaut zur Tür stürzen will, heißt es: *Stell dich nicht so an, ja, ich weiß, es ist schon spät, kurz vor vier. Dein Alltag fängt bald an.*

Für Inga und Wolf sind Bier und Kneipe kein Wert an sich, sondern Mittel zum unheiligen Zweck. Nur zu welchem genau?! Das aber ist letztlich egal, denn Zwecke kommen und gehen, Inga und Wolf aber bleiben. Wo, kann man ahnen; wenn es heute noch Arbeiter und die ZDF-Hitparade gäbe, würden diese von Inga und Wolf vermutlich nicht mehr in eine Diskussion, sondern in einen Bioladen geschlagert werden.

Heute arbeitet Inga wahrscheinlich, wie so viele Exrevoluzzer von damals, in einer Rechtsanwaltskanzlei oder bei der «Welt». Und auch der Wolf hat sein rotes Käppchen fallen gelassen; er heißt heute wieder Wolfgang und ist in Berlin als Weinhändler tätig.

ACHTUNDSECHZIGER AUF HAUSBESUCH

Die Idee, durch Reden und Diskutieren wildfremde Menschen ideologisch auf seine Seite zu ziehen, war Ende der sechziger, Anfang der siebziger Jahre nicht nur unter deutschen Unterhaltungskünstlern weit verbreitet. Nein, auch in der hintersten schwäbischen Provinz, gerade da, versuchten sich grünschnäblige Gymnasiasten als Inga-und-Wolf-Che-Guevaras. Der Westdeutsche Rundfunk hat dabei dankenswerterweise seine Kameras mitlaufen lassen, und so ist einer dieser denkwürdigen Bekehrungsversuche in ganz schwarzwaldursprünglicher Form in die Archive eingegangen. Das eigentliche Thema des Films ist ein Tanzlehrgang. 1969, als die Aufnahmen entstanden, scheinen die bundesdeutschen Tanzschulen ein Brennpunkt kulturrevolutionärer Auseinandersetzungen gewesen zu sein. Vielleicht handelt es sich auch nur um ein klassisches Provinzphänomen. Im Gegensatz zur anonymen Großstadt war man im Dorf mit den Vertretern der herrschenden Klasse, mit den Faschisten, Ausbeutern und Unterdrückern jeglicher Couleur, durch Blutsbande verbunden; die verhassten Bullen waren eben nicht einfach Vertreter des Schweinesystems, sondern Großcousin und Taufpate, die man nicht nur auf brennenden Barrikaden, sondern auch zum Erntedankfest traf.

Bislang stehen ja vor allem die Hochschulen im Fokus der

Achtundsechziger-Erinnerungsarbeit. Aber augenscheinlich spielten sich die wahren Dramen nicht in den bundesdeutschen Hör-, sondern in den Tanzsälen ab; auch der revolutionäre Geist der Provinz findet Orte, an denen er sich frei entfalten kann. So traf eine junge rebellische Oberschülergeneration in der Tanzschule der nächstgelegenen «Stadt» auf die wahren und nicht verwandten Zeremonienmeister des Ancien Régime. Nur die existenzielle Not einer revolutionären Umgestaltung von repressiven Tanzschulen will sich nicht erschließen; man hätte ja einfach nicht hingehen können, es gab schließlich keine Tanzschulpflicht. Im Gegenteil, so ein Kurs war eine kostspielige Angelegenheit und für jene gedacht, die auf dem Treppchen der sozialen Unterschiede in der Klassengesellschaft BRD eine Stufe höher gelangen wollten. Aber revolutionärer Kinderfasching und soziales Treppchensteigen schließen sich ja nicht aus, wie man weiß. Über die Beweggründe dieses freiwilligen Kotaus unzähliger junger Menschen erfährt man in diesem Film also herzlich wenig. Es scheint, als unterwürfen sie sich den entwürdigenden Ritualen des Tanzunterrichts mit demselben Fatalismus, mit dem man für gewöhnlich im November nicht enden wollenden Nieselregen goutiert. So sieht man denn auch die jungen Menschen mit mürrischen Gesichtern an einem ihnen völlig fremden Ort sitzen und sehr unentschieden eine Opposition üben, die zwischen Totalverweigerung und dem Ziel, ein Tanzschul-Abschlusszeugnis zu erhalten, pendelt. Ein junger Mann trägt einen Anzug mit kleinem Stehkragen, den er liebevoll Mao nennt – der rebellische, revolutionäre Anspruch kommt als Leibchen daher. Aus der Revolution wird bequeme Freizeitkleidung. Man will die Welt verändern, der Phantasie zur Macht verhelfen, eins, zwei, drei, ganz viele Vietnams schaffen, traut sich aber nicht, Mutti zu verprellen und zum Beispiel den Tanzunterricht zu schwänzen oder gar zu quittieren. Um das Bewusstsein zum Ausdruck zu bringen, dass die Tanzschule bürgerliche Scheiße ist, bleibt ihnen so nichts anderes übrig, als gelegentliche Pöbeleien und entschiedenste Angriffe auf die Kleiderordnung vorzunehmen. Immerhin hätten die revolutionären Tanzschüler in Bezug auf ihren Tanzschulbesuch auch mit Marx argumentieren können, der sagte: «Man muss den versteinerten Verhältnissen ihre eigene Melodie vorsingen, um sie zum Tanzen zu bringen.» Eine in ihrer Logik vielleicht nicht ganz nachzuvollziehende Rechtfertigung eines Tanzschulbesuches, die freilich den Vorzug hätte, dass man hinter ihr eine zumindest elementare intellektuelle Anstrengung vermuten könnte. Aber nein, bewusstlos fallen die Tanzschüler, merkwürdigerweise gleich im Doppelpack, bei der Mutter eines Tanzschulmädchens ein – zum Pflichtbesuch bei den Eltern der Tanzpartnerin. Hier agieren die vornehmlich rebellisch jungen Männer vollends als Handpuppen jener Zustände, gegen die sie doch eigentlich anrennen beziehungsweise an*gehen* wollten. Und jetzt *tanzen* sie dann eben an. Bei der Tanzschulpartnerinnenmutter.

Man sieht das Interieur eines kleinen Einfamilienhäuschens: Couch, Couchtisch, Sesselchen. Eine Matrone mit gewaltigem Dutt sitzt im Zentrum, eine Repräsentantin des Systems. Das erinnert mich – warum auch immer – an seltsame Bilder, die kurz nach den Attentaten vom 11. September um die Welt gingen und pakistanische Demonstranten zeigten, die Osama-bin-Laden-Plakate trugen, auf denen man im Vordergrund den Al-Kaida-Boss sieht, im Hintergrund aber Bert aus der «Sesamstraße». Diese Bilder tauchten zum ersten Mal Anfang Oktober 2001 auf. Auf den ersten Blick sehr rätselhaft, gibt es dafür aber eine schlichte Erklärung. Wenn man damals im Internet nach einem schönen Porträt des

Terroristenchefs suchte, landete man bald auf einer Seite, die «Evil Bert» hieß. Als Inkarnation des Bösen, als Gegen-Ernie sehen wir da den guten, genauer bösen, alten Bert, etwa an der Seite Hitlers oder Stalins, Schulter an Schulter mit diesem und jenem Verbrecher und schließlich – mit großem Rauschebart – auch gemeinsam mit Osama bin Laden. Irgendein pakistanischer Internet-Freak hat dieses Bild nun runtergeladen, vergrößert, ausgedruckt und an die Demonstranten verteilt. Er kannte sich eben einfach in der Al-Kaida-Hierarchie besser aus als in der «Sesamstraßen»-Ikonographie; etwas, das man einem pakistanischen Islamisten schwerlich zum Vorwurf machen kann. Möglicherweise hat er Bert ob seiner Nähe auch nur für einen Vertrauten bin Ladens gehalten. Als ich von dieser Geschichte gehört habe, dachte ich zuerst an den Bert von Cindy & Bert, weil der mir viel böser erschien als Bert aus der «Sesamstraße».

Die Legionen des Satans tragen eben oft merkwürdige Kostüme. In unserem Fall ist es kniefrei und beige und gehört der Mutter eines zu betanzenden Mädchens. Dessen ungeachtet gehen unsere beiden jungen Rebellen sofort zum Frontalangriff über. Frei nach dem «lass uns reden, diskutieren» von Wolf und Inga: *Glauben Sie, dass es im heutigen sozialen Leben wirklich noch so eine Rolle spielt, Standardtänze zu beherrschen?*

Gut gebrüllt, Tanzschüler! Die Frau ist zunächst etwas irritiert, und man kann förmlich mitverfolgen, wie es in ihrem Kopf zu arbeiten beginnt. Vielleicht ging das vor etlichen Jahren fixer, aber irgendwann hat sie ihr eigenes Denken und Leben aufgegeben, damit ihr Gatte leben und stellvertretender Sparkassendirektor werden konnte. Sie blieb zu Hause und starb Stück für Stück, während sie die Tochter großzog und die Blumen des Bösen goss. Jetzt, wo die beiden gutaussehenden jungen Rebellen in ihr Haus einfallen, kehrt in den

Bei der Mutter der Gegenrevolution

toten, leeren Körper ein Hauch Vitalität zurück: Sie lächelt und betont, dass sie ihre eigene Tanzschulzeit noch immer in guter Erinnerung hat. Das war wahrscheinlich der Moment, an dem sie gerade noch gelebt hat; danach hat sie nur noch auf ihrer eigenen Hochzeit getanzt und ist dann in die Grube des Ehebettes gefahren. Aber da sich die beiden schwabenmaoistischen Gymnasiasten mit dieser milden privaten Äußerung nicht zufriedengeben, wird Mutti dann doch ihrer Rolle als Verteidigerin gutbürgerlicher Riten gerecht: *Sie werden ja auch mal älter, und da muss man diese Tänze dann irgendwann mal gelernt haben. Denn man möchte ja nicht nur in der Jugend tanzen, man möchte es ja auch später tun, wenn man Eltern ist, wenn man Großeltern ist, wenn die eigene Tochter heiratet, beispielsweise, da hätte man auch die Gelegenheit zu tanzen als älterer Mensch. Aus dem Grund ist es wichtig, dass man es kann.*

Und dann reiht sie sich und ihre Doppelhaushälfte mit leicht geführter Hand in eine glorreiche, Jahrtausende umfassende Kulturgeschichte ein, denn diese gesellschaftlichen Regeln hätten *seit den alten Christen, seit den alten Römern* und *seit den alten Griechen* Bestand. Die Tanzschule – eine unveränderbare leitkulturelle Kerninstitution des Abendlandes. Da können unsere Möchtegernrevolutionäre nur noch entsetzt mit den Ohren schlackern. Die scheinbar so biedere Hausfrau erweist sich urplötzlich aus ihrer Totenstarre heraus als teuflische Kassandra der Studenten- beziehungsweise Tanzschülerbewegung und entwirft den nassforschen Knaben mit zwei, drei Sätzen ein finsteres Szenario ihrer Zukunft. Und man kann sicher sein, dass ihre Worte nicht ohne Wirkung geblieben sind; die beiden jungen Herren werden wohl kaum noch ihre Hand unvoreingenommen und mit unschuldiger Verve unter ein Tanzschulabschlussballkleid geschoben haben. Die Revolution hat die Kinder aus gutem Hause kurz in den Mund genommen und als diplomierte Tanzschulabsolventen wieder ausgespuckt.

HELDEN IN DER STUDIOKUPPEL – RATLOS

deutsche Schauspielstars,
die einem tatsächlich was zu sagen haben – davon gibt es
nur wenige. Sehr wenige. Sehr, sehr wenige. Genau genommen will einem eigentlich gar keiner einfallen. Und
auch Klaus Kinski ist Ausnahme nicht in dem, was er sagt,
sondern wie er etwas sagt; auch wenn das deutsche Fernsehen lange Zeit versucht hat, den Mann als komplett Irren
vorzuführen (heutzutage, wo das Fernsehen massenhaft von
Real-Irren bevölkert ist, gilt er wieder umstandslos als großer
Künstler). Auch nach seinem frühen Tod liefen Kinskis Talk-
show-Ausraster zur Erheiterung des Publikums in der Heavy
Rotation über den Bildschirm. So etwas sieht man natürlich
gern, das sind auch immer wieder schön anzuschauende
Ausschnitte; dem Phänomen Kinski allerdings und dem größeren Phänomen «deutsches Fernsehen» bringen uns diese
lustigen Schnipsel leider kein Stück näher.

JESUS IM FROTTEESTRAMPLER

Anders sieht es da mit einer Aufnahme aus, die im Februar 1979 entstanden sein muss. Damals kam Werner Herzogs «Nosferatu – Das Phantom der Nacht» in die deutschen Kinos, und der Star dieses schönen Vampirfilms war Klaus Kinski – obgleich er in dem 107 Minuten brutto langen Werk nur kümmerliche 17 Minuten netto zu sehen ist. Die Produktionsfirma ist sich dieser Problematik wohl bewusst und schickt Kinski auf Promotiontour. In Berlin gibt er eine Pressekonferenz: Der Saal ist rappelvoll, überall sind Mikrophone und Kameras aufgebaut, man sieht ein ganzes Heerlager von Journalisten, und alle warten nun gespannt darauf, dass Kinski ausrastet. Das weiß der selbstverständlich auch und bereut vermutlich längst, dass er sich überhaupt auf diese Situation eingelassen hat. Aber Kinski mag den Film, er liebt sich selbst, er liebt sogar seine Rolle, und er will, dass der Streifen sein Publikum findet – und so beißt er die Zähne zusammen. So eine Pressekonferenz hat in ihrer Machtstruktur freilich immer etwas Unbestimmtes, das in diesem Fall für eine feine Dynamik sorgt: In den sichereren Positionen scheinen auf den ersten Blick die, die vorne sitzen. Kinski weiß, er ist Kinski, er ist einer der größten Schauspieler, und dementsprechend breit ist seine Brust. Und es gibt die andere Seite, hier Journalisten und Filmkritiker, denen Kinski Rede und Antwort stehen soll. Und die üben sich nun ihrerseits in Brustverbreiterung, sodass aus dieser an sich ja harmlosen Veranstaltung ein merkwürdiges Arm-drücken wird. Kinski zeigt offen, dass er hier der Künstler ist. Damit hat er recht, das sollte man ihm nicht streitig machen; aber prompt beginnt der Saal innerlich zu murren; was soll das heißen, sind wir dann etwa nur die Journalisten? Genau das aber und nichts anderes sind sie. Nur scheint diese ja recht banale Tatsache den Reportern an diesem Tag nicht einzuleuchten. – Wobei es am Tag nicht liegen kann; auch heute und vermutlich immerdar sind Journalisten in aller Regel nicht bereit, sich als profane Eimerträger des Wirklichen zu begreifen! – Und so spürt man bei der vor Kinski lauernden Pressemeute sofort ein Verlangen danach, das herzustellen, was man heutzutage so schön «gleiche Augenhöhe» nennt. Schon die erste Frage ist erstens keine, zweitens nicht an Kinski gerichtet und drittens ein fadenscheiniger Versuch, sich selbst in das Zentrum des Interesses zu rücken: *Es wundert mich*, beginnt ein seine Profession sträflich vernachlässigender Journalist kühn, *dass in den letzten Jahren nicht schon längst mal ein Produzent, ob Franzose, Italiener, Deutscher et cetera, darauf gekommen ist, einen Vampirfilm mit Herrn Kinski zu machen, da er sich von der Ausstrahlung, vom Habitus her, geradezu als Vampir, ich möchte sagen, prädestiniert. Ich wundere mich, dass man erst jetzt diesen Gedanken hat.*

So viel Selbstbezüglichkeit irritiert sogar die Leiterin der Pressekonferenz, die, um Klärung bemüht, glaubt, die unsinnige Frage: *Ist das eine Frage?,* fragen zu müssen. Worauf der Journalist ins Stottern gerät und sich noch tiefer in die Scheiße reitet: *Eine Frage, ja.* Eine tapfere Behauptung, die nur noch übertroffen wird von der nachgeschobenen, geradezu wagemutigen – ja, was ist es – Erklärung? Entschuldigung? Deeskalationsbemühung?: *Ich habe den Film nicht gesehen, ich kenne nur Ausschnitte ... Ich sehe ihn morgen.* Das scheint mir von bewundernswert lässiger Dreistigkeit: Ein Filmjournalist geht zu einer Pressekonferenz anlässlich einer Präsentation eines Streifens, den er nicht gesehen hat, um dann in Anwesenheit des Hauptdarstellers sich selbst öffentlich eine Frage zu stellen! Also spätestens an der Stelle wäre ich, wenn ich 1979 Kinski gewesen wäre, ausgerastet.

Aber damals war ja Kinski noch selber Kinski und blieb als solcher verblüffenderweise ganz ruhig. Jedenfalls für seine Verhältnisse. Er greift sich das Mikrophon: *Moment, lassen Sie mich mal reden*, und erkundigt sich mit Samtstimme lediglich danach, an wen diese merkwürdige *Frage* denn adressiert sei. Als er darauf keine erhellende Antwort, sondern nur ein gestammeltes *allgemein* vernimmt, wird er freilich etwas ungehalten: *Ich meine, Ihre Selbstgespräche können Sie zu Hause weiterführen, also gehen wir zur nächsten Frage über. Ich beantworte die Frage nicht, weil, sie ist nicht an mich gerichtet.*

Im Grunde haben wir es hier mit dem fast immer und fast überall zu beobachtenden «Rumpelstilzchen-Prinzip» zu tun: Solange niemand weiß, wie der heißt, der da um sein Feuerchen herumtanzt, ist der Tanzende allmächtig; aber im Gebüsch liegt schon der Filmjournalist auf der Lauer, ruft: «Aber du bist doch Rumpelstilzchen, du bist Rumpelstilzchen!», und glaubt, damit wäre dessen Macht gebrochen, und Rumpelstilzchen würde sich vor Wut selbst zerreißen. Obwohl Kinski natürlich nicht Rumpelstilzchen ist, und die im Gebüsch sind ja auch keine Journalisten, sondern eine spinnende Müllerstochter. Aber das Muster ist klar: sich dessen, was man nicht versteht oder nicht sieht, dadurch bemächtigen zu wollen, dass man es benennt. Um dann zu denken, man habe es damit in der Tasche und sich in den Stand versetzt, Macht zu haben über das, was nach wie vor unbegreiflich bleibt. Kinski ist durch diese Strategie natürlich nicht zu fassen. Das ist eben das Fatale dieses magischen Blicks auf die Welt und das Fatale von Fernsehen überhaupt: Man denkt, man müsse nur sagen, so sei es, und dann hätte man es begriffen. Der eigentliche Punkt ist aber, dass selbst das, was man sehen und benennen kann, nicht automatisch begriffen ist; dass da erst die eigentliche Maulwurfsarbeit des

Nachdenkens anfangen müsste. Aber die ist ja nicht nötig, solange man gleichzeitig fünfzig Programme hat und einfach weiterschalten kann oder aber Journalist ist, der fröhlich ruft: «Gesendet, verendet!», oder: «Nichts ist so alt wie die Zeitung von gestern.» An dem Punkt, an dem man jetzt in den gedanklichen Untergrund gehen müsste, wechselt man lieber das Programm. Insofern wird sich die Hoffnung auf eine nachdenkliche Maulwurfsguerilla wohl eher nicht so schnell erfüllen. Unter den Zuschauern ist der Blinde umworbener König, und die Werber spinnen.

Doch zurück zur Pressekonferenz, auf der Kinski jetzt vollends das Kommando übernommen hat: Um das Ansehen des deutschen Journalismus in der Welt besorgt, entschließt er sich, den deutschen Journalisten erst einmal Nachhilfeunterricht zu geben – und wer will es ihm nach dieser lausigen Auftaktfrage auch verübeln, dass er ernsthafte Zweifel an der beruflichen Kompetenz der Anwesenden hegt? Kinski beginnt also ganz ruhig, dem Auditorium die Regeln einer Pressekonferenz darzulegen, um dann, ganz Weltbürger, darauf hinzuweisen, dass er durchaus schon Pressekonferenzen erlebt hätte, auf denen man sich richtig dufte unterhalten konnte. Dabei handelt es sich vermutlich um eine aus pädagogischem Übereifer resultierende Notlüge Kinskis. Nicht in Deutschland, fährt er erklärend fort, wohl aber in anderen Ländern. Und er rundet seinen Exkurs mit der scheinheiligen Frage ab: *Wir wollen uns doch unterhalten?* Von unten kommt begeistert zustimmendes Gemurmel, die Meute ist Kinski auf den Leim gegangen und glaubt sich auf der ersehnten Augenhöhe. Das funktionierte 1979 in Westberlin ganz prima; man musste nur New York oder Paris sagen und behaupten, die Leute wären dort viel netter, und schon bekam der Frontstadtbewohner und -beschreiber rote Ohren, kuschte und stimmte zu. Die Angst, wegen schlechter

Führung in den Osten abgeschoben zu werden, saß tief. Lieber in Spandau fröhlich-freundliche Weltläufigkeit heucheln als in Sibirien Streichhölzer schnitzen. Aber Kinski – erinnert sei noch einmal an seine letzten Worte: «Wir wollen uns doch unterhalten?» – schlägt die ihm reumütig entgegengestreckte Hand aus und setzt eiskalt nach: *Ja, aber nur, wenn Sie mein Niveau haben!* Augenhöhealarm! Sofort kippt die Stimmung im Saal wieder. Empörtes Gemurmel und Getuschel sind zu hören, nervöses Hohngelächter auch, und dann vernimmt man aus der Anonymität des sichtlich aufgeregten Journalistenpulks die eindeutig an Kinski gerichtete Bemerkung: *Ihr Niveau ist nicht so hoch, wie Sie denken.* Gebrüllt, Löwe, aber nicht gut gebrüllt!

Denn Kinski kontert sehr präzise und sehr raffiniert: *Ich habe ja nicht gesagt: hoch oder tief, ich habe gesagt, wenn Sie mein Niveau haben. Ich habe nicht von hoch gesprochen, ich habe von meinem Niveau gesprochen.* Dem hat der Saal nichts mehr entgegenzusetzen. Die ehedem hohen Augen können nur noch verzweifelt schielen!

Wobei anzumerken bleibt, dass Kinskis Souveränität sich vermutlich weniger aus semiotischer Spitzfindigkeit als vielmehr aus der spezifischen Art seines Größenwahnsinns speist, der sich seiner eigenen Augenhöhe nicht durch Kerben im Rahmen der Kinderzimmertür versichern muss, sondern sich selbst genügt. In dieser spezifischen Ungeselligkeit seines Größenwahns, dieser keinen Türrahmen brauchenden Maßlosigkeit, liegt Kinskis erfrischende Subversivität, die selbst unter theologischem Gesichtspunkt ertragreich ist.

Wieder ist Berlin der Ort des Geschehens, und wieder läuft Kinski in direkter Konfrontation mit dem Publikum zur Hochform auf. Wir schreiben das Jahr 1971. Das erklärt zwar nicht, warum Kinski in einem grellen Papageienkostüm auf die Bühne der Berliner Deutschlandhalle tritt,

Gottes Sohn in Spree-Athen

aber ungeachtet dieses schmerzenden modischen Fehltritts bietet die von Kinski an diesem Abend gebotene Performance eine großartige Chance, das Verhältnis von Kunst und Künstlern, Gott und Welt zu reflektieren. Und wir erleben eine höchst aufschlussreiche doppelte Verwechslung. Was passiert? Kinski spricht Texte aus dem Neuen Testament. (Es zeugt von einer nicht zu vermutenden Bescheidenheit, wenn man bedenkt, dass drei Jahrzehnte später Ben Becker gleich die ganze «Bibel», mithin Neues *und* Altes Testament, als gesprochene *Symphonie* zum Vortrag zu bringen behauptet.) Aber Kinski liest nicht nur, er spricht und rezitiert nicht nur, er symphoniert – Gott sei Dank – nicht, und er tritt auch nicht irgendwie auf, sondern: Er ist Jesus! Ohne Vorwarnung und ohne Lendenschurz, ohne blutende Hüftwunde und ohne Dornenkranz; schlicht, wie Gott ihn in seinem Hosenanzug geschaffen hat, tritt er vor seine Gemeinde und verkündet mit vor Pathos bebender Stimme: *Ich will die Liebe in eure Herzen werfen, die Liebe, die über alles Bestehende hinausgreift. Ich will lebendige Menschen aus euch machen. Unsterbliche.* Das hört man natürlich nicht gerne, dass man ein nicht lebendiger Mensch sei, und folgerichtig ist das Publikum nicht bereit, ihm auf diesen Trip zu folgen. Unruhe macht sich breit – Zwischenrufe, die vermutlich von der Lebendigkeit des Publikums Zeugnis ablegen sollen, dringen an Kinskis Ohr. So hatte der aber nicht gewettet! Folgerichtig fällt Kinski, im eigentlichen Sinne des Wortes, aus der

Rolle. Er fällt aber nicht *einfach* aus *der* Rolle, sondern man muss sagen, er fällt *in seiner Rolle* aus *derselben.* Er wird ungehalten – was wir aber eigentlich erleben, ist nicht ein ungehaltener *Klaus Kinski*, sondern ein ungehaltener Jesus! Kinski/Jesus also verliert in unjesuitisch zu nennender Weise die Geduld und befiehlt unter Schmährufen einen der Störer auf die Bühne: *Wer so ein großes Maul hat, komme her!* An der Stelle muss man doch noch einmal auf die Garderobe zurückkommen, die nun in zunehmendem Kontrast zum Bühnengeschehen steht; Kinski sieht aus, als wenn er bei ABBA oder einer ichschwachen Glam-Rock-Band die Gitarre spielen wollte: Er trägt einen herunterhängenden, blaugetönten Frottee-Hosenanzug mit Pünktchen, Streifen und Blümchenmusterbesatz. Das hat zur Folge, dass er unterhalb des Halses aussieht wie ein schlafverweigernder Siebenjähriger auf dem Weg zur Toilette, darüber aber – eben wie Kinski. Ein Anblick, der dem Auge nur wenig schmeichelt. Diese patchworkartige Bekleidung sorgt nun aber dafür, dass je nach Blickwinkel ein anderes Muster erscheint, sodass sich alle Zeugenaussagen, die versuchen, ein Phantombild oder eine zuverlässige Beschreibung von Kinski/Jesus zu erstellen, sich notwendigerweise widersprechen müssen. Viele waren dabei, und jeder hat etwas anderes gesehen. So werden Mythen geschaffen! Kleidung, die auf den ersten Blick sehr unpassend erscheinen muss, erweist sich auf den zweiten Blick als wirkungsmächtiges Mittel einer Quasi-Jesusifizierung Kinskis. Und unglaublicherweise schafft er es sogar, dieses schaurige Outfit in den Hintergrund zu spielen; eine Leistung, die einer Totenerweckung, der Speisung der fünftausend oder einem Gang übers Wasser durchaus ebenbürtig scheint. Anderen Anzug-, Sportswear-, Workwear-, Raw-Denim- oder Managerhemd-Trägern dient die Garderobe als ein Außengerüst, als Chitinpanzer, da bei ihnen das Vorhandensein eines Inhalts eben nicht sicher vorausgesetzt werden kann – da wird dann die Form zur Existenzfrage. Das gilt für Kinski nicht, der hat sein Skelett innen.

Ein Pharisäer von der GEW

Zu guter Letzt erscheint dann wirklich ein Mann aus dem Publikum, dem man wünschen würde, er täte es nicht. Schon ein erster Blick lässt Schlimmes ahnen und Schlimmeres befürchten: Die Bühne betritt nämlich eine Gestalt vom Typ gutmeinender Ernstnehmer, wissender Draufhinweiser, Aufrechtergangtrainer, und man wünscht sich, er wäre doch bloß unten sitzen geblieben und hätte den Mund nicht aufgemacht. Nun dürfen Aufrechtegangtrainer, denen es mit ihrer Profession ernst ist, aber einmal nicht still unten sitzen; die müssen nach oben, die brauchen die Bühne, die müssen den Mund aufmachen und aufrechten Gang demonstrieren. Und so geschieht es denn auch: *Leute, ich bin kein großer Redner, und es ist vielleicht möglich, dass von euch welche Christus suchen ... aber ich glaube, er ist es nicht, denn Christus war, soviel ich weiß, duldsam. Und wenn ihm einer widersprochen hat, dann hat er versucht, ihn zu überzeugen, und hat nicht gesagt, halt deine Schnauze!*
Eine in traditioneller christlicher Jesus-Sicht durchaus gängige und vermutlich nicht falsche Bemerkung. Aber doch – ein grandioses Missverständnis, sogar ein grandioses Doppelmissverständnis: Kinski steht da und liest Jesus-Texte, vor einem Publikum, das anscheinend davon ausgeht, dass es Jesus ist, der da vorne steht. Und wie im Märchen von des

Kaisers neuen Kleidern erhebt sich der Naivste, der Best-
meinende und bricht das Tabu: Aber das ist doch gar nicht
Jesus!

Eine Behauptung, die Kinski doppelt in Frage stellt. Wäre
es vorstellbar, dass jemand zu Maria Callas ginge und ihr
erklärte, sie sei nicht Norma, oder zu Gustaf Gründgens, er
sei nicht Mephisto, oder zu Gerhard Schröder, er sei diesmal
nicht Bundeskanzler? Nein. Ist das bei Kinski vorstellbar, der
ja schließlich nicht irgendeine Jesus darstellende Knatter-
charge ist, sondern in gewisser Weise Jesus selbst? Und, so
viel sollte auch der bibelfernste Atheist wissen, Jesus ist derjenige, der *sagt,* und nicht der, dem gesagt wird; und wenn
er sich schon was sagen lassen muss, dann gefälligst nur
vom Herrn dieser Welt, von seinem Vater, vom lieben Gott
– dann soll der gefälligst auf der Bühne erscheinen. Der Typ
neben ihm ist es mit Sicherheit nicht, denn Gott trägt keinen
Ringelpullover. Und so ist Kinski/Jesus erneut ungehalten –
eine Haltung, zu der Kinski unbestritten fähig ist, Jesus möglicherweise auch, nur im Gegensatz zu Kinski ist diese Haltung von Jesus nicht überliefert. Kurz: Kinski/Jesus meint,
dass sein Publikum gefälligst die Fresse zu halten habe. Und
damit hat er zumindest insofern recht, als er vorne steht, ein
großer Künstler ist und in seiner Kunst nicht gestört werden
will. Dazu muss man gar nicht Jesus sein. Kinski sieht also
keinerlei Veranlassung einzulenken und beginnt nun als
Jesus rabiat zu werden: *Nein, er hat nicht gesagt, halt die
Schnauze, er hat eine Peitsche genommen und hat sie ihm
in die Fresse gehauen! Das hat er gemacht. Du dumme Sau!*
Sowenig diese Worte auf den ersten Blick mit dem traditio-
nellen Jesus-Bild zu vereinbaren scheinen, stellen sie doch
möglicherweise eine Form frühen Brachialchristentums dar:
Wie sehr Theologen und Kirchengeschichtler auch darum
streiten, welche der im Neuen Testament überlieferten Jesus-

Worte dem historischen Jesus zuzuschreiben sind – klar ist, dass wir es beim Neuen Testament mit einem redigierten, einem überlieferten Text zu tun haben, der auf Berichten fußt, die nur zum geringsten Teil von Leuten stammen, die wirklich dabei waren: Hauptsächlich verfasst wurde er von Leuten, die jemanden kannten, der gelesen hatte, dass einer gesagt habe, beziehungsweise von Leuten, die behaupteten, den Bericht von jemandem gelesen zu haben, in dem jemand anders einen kannte, der es vom Hörensagen hatte, und der habe erzählt, wie es gewesen sein soll. – Es kann hier redlicherweise nicht behauptet werden, dass Worte wie «in die Fresse hauen» oder «Du dumme Sau» aus Jesu Mund zu vernehmen gewesen waren, aber wenn sie so gefallen sein sollten, dann wären sie mit Sicherheit nicht überliefert worden! – Wir haben es hier bei Kinski also im Grunde mit einem Vertreter einer kritisch-historisierenden Möglichkeits-Kirchengeschichte zu tun, der uns aufmerksam macht auf das Ungesicherte, das Gewordene dessen, was wir als sicher, als ewig, als fest erachten. Am Anfang waren Worte – aber welche genau, das muss im Dunkel der Geschichte verbleiben.

ANGST ESSEN FASSBINDER AUF

Der Regisseur Rainer Werner Fassbinder hatte ähnliches Skandalpotential: Auch er war cholerisch und unberechenbar, und trotzdem rangiert er, was das öffentliche Ausrasten angeht, weit hinter Klaus Kinski. Dabei hat es auch Fassbinder nicht an Möglichkeiten gemangelt, aus der Rolle zu fallen; aber im Gegensatz zu Kinski, der ja nur selten Filmrollen angeboten bekam, die seinen hehren Ansprüchen genügten, und mithin in seiner Arbeit nur bedingt Erfüllung fand, konte sich Fassbinder in seinem Job voll austoben. Insofern ist es auch erklärlich, dass er nur selten an Orten auftauchte, die ihm völlig fremd waren. So ist es schon eine kleine Überraschung, dass man auf den Namen Fassbinder ausgerechnet in der Gästeliste der ZDF-Rateshow «Dalli Dalli» stößt. Moderiert wurde diese in den siebziger Jahren äußerst populäre Quizshow von Hans Rosenthal, der ob seiner geringen Größe und ausgesprochenen Liebenswürdigkeit auch gerne von Hinz und Kunz «Hänschen» genannt wurde. Für mich ist dieser Mann eine eher zwiespältige Figur.

Die Sozialisation durch mediale Nachmittagsunterhaltung ist ja in aller Regel eine unfreiwillige – aber auch eine unfreiwillige Prägung ist eine Prägung. Den Heintjes und Rex Gildos und Freddys und Bill Ramseys und Millowitschs war nicht zu entkommen. Vielleicht sind die Leichen im biographischen Keller aber auch einfach Tote, die man ehren soll. Immerhin hat mich Hänschens Stimme durch Kindheit und Jugend begleitet, denn Rosenthal begann seine Quizmasterkarriere in Berlin beim RIAS. Dort moderierte er unter anderem das «klingelnde Sonntagsrätsel»; eine Radiosendung, in der es darum ging, die Namen von Melodien oder Interpreten zu erraten und sich davon wiederum bestimmte Buchstaben zu merken, um mit ihrer Hilfe am Ende das Lösungswort der Sendung zusammenzusetzen. Diese war 1965 eigens dafür konzipiert worden, die ostdeutschen Hörer an den von den USA finanzierten Sender zu binden. Für die «mitteldeutschen» Hörer wurden deshalb am Ende einer jeden Sendung auch private Deckadressen genannt, an die sie die Rätselpost aus der DDR angeblich gefahrlos schicken konnten. Es war dann meist auch ein nicht näher benannter Gewinner aus «Mitteldeutschland» dabei, der aus dem Topf mit den richtigen Einsendungen gefischt wurde und 50 Westmark gewann. Ich nie, aber das war meine eigene Schuld, denn ich habe nie an den RIAS geschrieben, zumal die Überlegung nahelag, dass die private Deckadresse so privat und so deck nicht sein konnte – man mag von der Kompetenz der Stasi halten, was man will, aber so doof, dass sie nicht auch hätten Rosenthal hören und die Deckadresse notieren können, waren sie wohl nicht.

Doch zurück zu Rosenthal, der ja eine für das deutsche Fernsehen nicht alltägliche Biographie vorzuweisen hat: 1925 in Prenzlauer Berg als Kind jüdischer Eltern geboren, tauchte er 1943 in einer Kleingartenanlage unter und überstand so mit Hilfe einiger beherzter Berliner den Holocaust. Knapp dreißig Jahre später moderiert dieser Mann nun eine Sendung im Zweiten Deutschen Fernsehen, die «Dalli Dalli» heißt. «Dalli», ein Begriff, der aus dem Polnischen kommt und sich von «dalej» ableitet, was so viel bedeutet wie «weiter, los, vorwärts». Zu trauriger Berühmtheit kam dieses «Dalli, Dalli» in Auschwitz, wo die Häftlinge unter ebendiesen Rufen von der Rampe in die Gaskammern getrieben wurden. In dem Vernichtungslager gab es sogar eine «Dalli-Dalli-Straße». So steht also ein Holocaust-Überlebender im deutschen Fernsehen und macht eine lustige Sendung, in der er die Mörder von gestern oder deren Kinder hin und her scheucht und absurde Aufgaben lösen lässt, und nennt den ganzen Spaß dann «Dalli Dalli». Mag sein, dass Rosenthal das mit Auschwitz gar nicht gewusst hat, aber man kann eben auch unwissend das Richtige tun.

1974 verschlägt es nun Rainer Werner Fassbinder in die Sendung und ihre unübersehbar wabenförmig gestaltete Kulisse. Die steht da natürlich nicht aus Jux und Dollerei, sondern ist Programm, Gegenprogramm zum Sendungstitel. Ikonographisch steht die Wabe für Fleiß, Arbeit und signalisiert: Schaut her, was sind wir Deutschen doch für ein emsiges, wirtschaftswunderndes Bienenvölkchen. Hänschen

Rosenthal als Oberimker unter den ehemaligen Killerbienen begrüßt seine prominenten Quizteilnehmer: Der eine ist wie gesagt Fassbinder, der andere ist Wolfgang Spier, ein damals sehr bekannter Moderator, Schauspieler und Komödienregisseur, der «König des Boulevards». Mit Spier haben Rosenthal und sein Publikum überhaupt keine Probleme, man kennt und schätzt sich beziehungsweise wird gekannt und geschätzt. Anders sieht es da schon mit Fassbinder aus;

Rosenthal fremdelt. Dem Publikum, das sich vermutlich nicht gerade aus Fassbinder-Fans rekrutiert, muss erklärt werden, was dieser etwas dickliche junge Mann in dieser schönen Sendung macht. Sein Zauberwort dazu, das die Fremdheit thematisiert und gleichzeitig

Der Progressive in der Defensive

für Legitimation sorgen soll und in dem sich zugleich die komplette innere Verunsicherung Hänschen Rosenthals ausdrückt, lautet: «progressiv!»

Man kennt das, im Fernsehen sind in solchen Spielen und Talkshows ausschließlich Leute zu sehen, die ohnehin immer im Fernsehen sind. Von denen droht keine Gefahr. Solange nur die vertrauten Gesichter zu sehen sind, ist eine bestimmte Form von Sicherheit und Vertrautheit garantiert. Solange die zu sehen sind, ist die Welt in Ordnung – zumindest in der Ordnung, in der sie eben ist. Für den ungetröstet-kulturkritischen Zuschauer hat das natürlich den Vorteil, dass er nicht mehr zur Apotheke gehen muss, wenn er mal ein Brechmittel braucht. Man weiß, ein Griff zur Fernbedienung genügt, und schon sind sie alle da: der Jauch, der Gottschalk, der Florian

Silbereisen, Marianne und Michael, der Kerner und der
Beckmann, der Peter Hahne und, wenn Wahl ist, der Wahl-
forscher, und wenn Partei ist, der Parteienforscher, und wenn
Naher Osten ist, Scholl-Latour – der nebenbei gesagt noch
der Beste in dieser Reihe ist, weil man von ihm nie genau
weiß, was er wohl sagen wird, und an dem Zeit, politische
Correctness und Gender Studies in wohltuender Weise vorübergegangen sind.

Gottschalkkernersilbereisen? «Na, dann werde ich mal auf
Toilette gehen, Mutti.» Auch keine echte Alternative, weil
vom Fernsehen leicht missverstanden; wurde doch noch in
den frühen sechziger Jahren die Einschaltquote in den städti-
schen Wasserwerken anhand des Spülwasserverbrauchs nach
dem Ende einer Sendung gemessen, wenn die bis dahin vom
Programm gefesselten Zuschauer gleichzeitig zur Blasenent-
leerung schritten – Einschaltquote in Kubikmetern.

Aber 1974 bei «Dalli Dalli» im ZDF wäre man glatt sitzen geblieben und hätte gestaunt: Nanu, wer steht denn da neben
unserem Hänschen?

Und Rosenthal weiß natürlich ganz genau, welche Irritation
Fassbinder bei denen, die ihn nicht kannten, aber auch bei
denen, die ihn kannten, auslösen muss. Und genau in diesem
Augenblick fällt das Rumpelstilzchen-Zauberwort «progressiv» – ein Adjektiv, welches, das spürt man gleich, nicht
unbedingt zu Rosenthals verbalem Standardrepertoire gehört.
Die Zuschauer merken sofort, dass etwas nicht stimmt; der
Rosenthal fasst den Kerl zwar höflich, aber eben doch mit
der Kneifzange an. Das Wort fällt gleich dreimal innerhalb kürzester Zeit: erstens in der Ankündigung von Rainer
Werner Fassbinder, dass der progressiv, also eigentlich ZDF-
inkompatibel, aber vermutlich nicht besonders unterhaltend
im klassischen Sinne sei. Dann, nur wenige Sekunden später
bei der eigentlichen Begrüßung: *Guten Tag, Herr Fassbinder*

– *progressiv.* Und dann noch einmal an einer Stelle, als das Eis eigentlich schon geschmolzen scheint; da gibt Fassbinder eine lustige, lausbübische Antwort, und Hänschen ist völlig aus dem Häuschen: *Ach, Herr Fassbinder, mit Ihnen möchte ich mal eine Talkshow machen, da könnte ja das eine oder andere zutage kommen.* Nachdem er diesen vielversprechenden, aber doch auch einfältigen Satz gesprochen hat, fällt ihm nichts mehr ein – keine gute Voraussetzung für eine Talkshow –, und er rettet sich in ein *Ja ... ähm ... ja, progressiv.* Eine Schwimmring-Vokabel, mit der dann auch schon alles gesagt ist. Faszinierend ist Fassbinder; definitiv der falsche Mann am falschen Ort. So falsch, dass sich selbst Hänschen Rosenthal in seiner eigenen Sendung nicht ganz am rechten Ort wähnt. Vor allem aber hadert Fassbinder mit der Situation, das sieht man schon an der Art, wie er auf die Bühne kommt; wenn es ein körpersprachliches Stottern geben sollte, dann könnte man es hier beobachten: Wedelt der eine Arm übereifrig, so schleppt er den anderen Arm passgangmäßig nach, Kreuzgang versus Passgang, von kompletter Unsicherheit sprechend. Dann die Begrüßung: Während Spier sich lässig mit einem kurzen «Tach, Hans!» einführt, macht Fassbinder einen Diener, den man bei Fassbinder nicht vermutet hätte; sein Oberkörper fällt Rosenthal fast um neunzig Grad entgegen – so was hat ihm vermutlich seine Mutter beigebracht, als er noch kurze Hosen trug, und dazu möglicherweise noch einen Knüppel gebraucht. Und hier kramt er diesen I-a-Diener nach Jahren freiwillig aus seinem motorischen Erinnerungskästchen aus. Dazu dann Klamotten von Kinski'scher Kühnheit. Wie sollte denn Fassbinder aussehen, könnte man sich überlegen? So oder so, oder so – jedenfalls nicht wie ein Ku'damm-Komödienregisseur beim Bewerbungsgespräch. Aber genau solche Klamotten hat Fassbinder an. Wenn beide nicht deutlich unterschiedliche Konfektionsgrößen hätten, könnte man meinen, Spier und er hätten vor der Show ihre Garderobe getauscht: Während Spier unter seinem zerknautschten Sakko souverän einen schönen schwarzen Existentialistenrollkragenpullover trägt, kommt Fassbinder mit FDJ-blauem Samtjackett, einem Schlips, der einem Brustpanzer gleicht, und einer Schlaghose daher, die zwar viel, viel Schlag hat, aber doch nur grade so viel, dass er bei einer Konfirmation in einer eher konservativen westdeutschen Kleinstadt zwar als rebellisch erkannt würde, aber doch noch verständnisvoll zu tolerieren wäre.

Lange Haare – aber gepflegt; und als ob Schutz und Camouflage noch nicht reichten, legt er sich, in Erwartung des Schlimmstmöglichen, wie ein Fußballer beim gegnerischen Freistoß die Hände vors Gemächt.

Es entspinnt sich aber doch noch ein Gespräch, beide gewinnen einen ersten Moment von Sicherheit, Rosenthal sagt: *Ja, Herr Fassbinder. Ich habe gehört, Sie haben zwanzig Filme gedreht.* Und Fassbinder kontert, wie aus der Pistole geschossen: «Dreiundzwanzig.» Und ist dann Gott sei Dank wieder völlig bei sich.

Und das Gespräch zu Ende.

VOX POPULI oder
WIE NERO
IN STRAUSBERG
DIE D-MARK EMPFÄNGT

man
kommt sich natürlich blöde vor, wenn man immer behauptet, früher sei alles besser gewesen. Zumal man ja auch nicht so genau weiß, ob das wirklich stimmt. Aber wenn man sich dann davon überzeugt, wie es früher im Fernsehen war, stimmt es eben meistens doch.

Gerade Straßenumfragen untermauern dieses traurige Fazit. Es scheint, als würde der Abstand zwischen der Realität und der Wahrnehmung derselben unaufhaltsam wachsen. Das Verhältnis zur Wirklichkeit trübt sich zusehends. Eine Umfrage zur Berlinale wäre heute im Grunde eher mit einer Umfrage zu irgendeinem Nichts zu übersetzen, das erst dadurch zum Ereignis wird, dass in den Medien nach ihm gefragt wird. Baiser-Wirklichkeit. Baiser – die Schweizer sagen dazu «Spanischer Wind», der Rest der Welt «Meringues»:
Man nimmt eine kleine Menge Eiweiß, wirft den Mixer an, fügt Puderzucker hinzu, und wenn man die Sache nach ein

bis zwei Stunden aus dem Backofen zieht, hat sie bereits riesige Dimensionen angenommen, sieht aber ungesund blassgelb aus. Ursprünglich nur ein Klacks, jetzt dicke da. Volumenstark, aber substanzschwach. Denkt man sich jetzt an die Stelle des Backofens den «Spiegel», ARD, RTL oder «Bild», hat man eine präzise Vorstellung, was ein Baiser-Ereignis ist. Andererseits, wenn ich heute auf der Straße von irgendeinem Fernsehteam zu einem Ereignis wie der Berlinale, dem Thema «Rinderwahnsinn» oder nach deutschen Bomben auf Belgrad befragt würde, würde ich sofort die lokalpatriotische, vielleicht sogar staatsbürgerliche Pflicht verspüren, das, wonach ich gefragt werde, auch gut finden zu müssen. Und vermutlich sagen, dass Berlinale oder Bomben vielleicht Investoren anlocken oder dem Ansehen Deutschlands in der Welt dienen. Ich bin mir nicht sicher, ob ich mich dieser gefühlten Erwartung entziehen oder widersetzen könnte.

IHR DA OBEN, WIR DA UNTEN

Vor vierzig oder fünfzig Jahren war das noch ganz anders. Nehmen wir nur einmal eine Straßenumfrage des Senders Freies Berlin zu den Internationalen Filmfestspielen 1961. Da sind die Befragten noch ganz bei sich und wachen Auges für die soziale Stellung, die sie selbst einnehmen. Einem gesellschaftlichen Ereignis, das sie bestenfalls als Zaungäste toleriert, können sie demzufolge auch nur mit extremem Misstrauen begegnen. Aber wer jetzt dumpfes Gemaule, substanzloses Gemotze erwartet, liegt falsch. Denn was hier erklingt, ist ein vielstimmiger Chor mündiger Bürger, ist das Lied des medial noch nicht glattgebügelten Volkskörpers. Zuerst wird eine gutaussehende junge Frau befragt, die damals schon formuliert, was später erst ästhetisches Marketing-Mediengesetz werden sollte:

Ich halte nicht sehr viel davon. Ich habe keinen Film gesehen. Und es wird viel zu viel Rummel darum gemacht, denn die Schauspielerinnen, die da sind, sind doch nicht so das Richtige, denn erst mal, so große Schönheiten sind's nicht und große Künstler sicher auch nicht.

Sie fragt sich, warum sie zur Berlinale gehen solle, wo doch die Schauspielerinnen keine großen Schönheiten und demzufolge vermutlich auch keine großen Künstlerinnen seien. Sie sieht bereits brachial-kausale Zusammenhänge, in einer Zeit, in der man eigentlich noch eine Differenzierung

«So große Schönheiten sind's nicht»

zwischen gutem Aussehen und künstlerischem Talent erwartet hätte, und liefert damit eine Vorwegnahme dessen, was heute Standard zu sein scheint. Im Grunde ist sie eine Kassandra, eine gutaussehende, junge Kassandra, die hellsichtig prophezeit, dass Aussehen und Talent immer austauschbarer werden, und gleichzeitig eine Pandora, die damit eine nie wieder zu schließende Büchse öffnet, die eigentlich nicht ihre ist: Das eine, die Schönheit, wird unweigerlich an die Stelle des anderen, der Kunst, treten. Meistens jedenfalls. Es folgt eine Vertreterin der Haarnetzgeneration; eine alte Frau, die meint, sie fände die Berlinale gut, sie aber eigentlich eher als einen Bastei-Lübbe-Roman begreift: der schöne Prinz, der aber leider Bluter ist, und die arme Stallknechttochter, die ihn liebt, ohne dass sie beide wissen, dass sie

«Ich habe sehr viel schon gehört»

eigentlich seine illegitime Schwester ist. Kurz nach ihrer Geburt wurde sie in ein Projekt gegeben, in dem irgendwas mit Medien gemacht wurde, zog sich nach dem Scheitern dieses Start-ups aber aufs Land zurück, um lieber was mit Tieren oder Menschen zu machen ...

Doch zurück zu der älteren Dame. Die weiß natürlich, dass sie selbst weder reiten kann noch Bluterin ist, aber «irgendwas mit Medien» findet sie trotzdem gut. Und so sieht sie die Berlinale als eine exotische andere Welt: *Die Filmfestspiele find ich ganz gut. Ich hab's gelesen immer, nicht? Sonst, ich war ja noch nicht da, aber ich habe sehr viel schon gehört und dass es sehr schön ist, nicht?*

Eine Gestalt fällt dagegen aus dieser Umfrage heraus, und es beschleicht einen der Verdacht, dieser Mann könnte ein professioneller repräsentativer Befragter, also so eine Art festangestellter Senats-Passant sein. Immerhin schreiben wir das Jahr 1961, der Kalte Krieg tobt, und im Osten rührt man bereits den Mörtel für den antifaschistischen Schutzwall an. Westberlin ist Frontstadt, und da will man natürlich nichts dem Zufall überlassen. Wahrscheinlich gab es damals ein «Rotes Telefon» zwischen der SFB-Chefredaktion und dem Senat. Und immer, wenn sich der Sender entschied, eine Straßenumfrage zu einem bestimmten Thema zu machen, klingelten im Senat die Alarmglocken. Man prüfte die aktuelle Wetterlage und schickte seinen BAT-IIb-Senats-Passanten in den Fundus, um ihn entsprechend einzukleiden, bevor er schließlich eingehend darüber instruiert wurde, was er vor der SFB-Kamera zu sagen habe. So steht und redet er dann auch da: *Ich begrüße jede Veranstaltung in Berlin, die dazu beiträgt, dass Berlin, sagen wir ruhig mal, im positiven Sinne die Schlagzeilen der Zeitungen füllt, dazu gehören*

«Ich begrüße jede Veranstaltung in Berlin»

auch Filmfestspiele. Denn wir können in dieser Beziehung nicht genug zeigen, dass wir da sind und so ein kleines bisschen Weltstadt geblieben sind.

«Ditt iss Barlin!» – großfressig, aber verdruckst-bescheiden, Weltstadt, aber eigentlich nur ein bisschen, aber doch Weltstadt!

Zum Glück tritt dann aber noch ein extrem gut aussehender Proletarier auf, der erstens durch seine Brille überzeugt, aber eben noch mehr durch ein werktätiges Selbstbewusstsein, das es heute einfach nicht mehr gibt. Heute ist immer die Rede von der «neuen Mitte». – Diese Schlagworte ...! Man kommt ja nicht mehr hinterher, wie heißt denn das, was früher «neue Mitte» gewesen sein soll, heute eigentlich? Müsste man mal den Fernseher anmachen. Ach nee, keine Lust. – Jedenfalls war diese neue Mitte ja nichts anderes als ein Weichmacher (Phthalat), wie er häufig auch in Sexspielzeug aus Fernost zu finden ist, der den sozialen Verwerfungen unserer Gesellschaft die Sprödigkeit nehmen sollte: Man suggeriert den Leuten, dass sie sich gefälligst dazugehörig zu fühlen haben, ganz gleich, ob sie sich nun ihre Bluse für 499 Euro im Kaufhaus des Westens oder für 1,99 bei Kik kaufen. Und das

«Die sind ja immer nur für die Höheren!»

funktioniert! Denn wer sich nicht dazugehörig fühlt, der muss aufpassen. Ruck, zuck fällt er raus und ist in den Medien und der Wirklichkeit und der Politik überhaupt nicht mehr vorhanden.

Dieser gutbebrillte Proletarier aber durchschaut noch das Wesen der Klassengesellschaft und folgert, dass die Berlinale ihn eigentlich gar nichts angehe: *Nach meiner Auffassung sind die Filmfestspiele ja tatsächlich nicht für uns, die sind ja nur immer für die Höheren. Die Arbeiter oder die breite Masse muss die Prominenz ja unterstützen. Wenn wir nicht wären, könnte die Prominenz ja auch nicht leben, nicht? So sieht's ja doch in Wirklichkeit aus!*

Recht hat er! Im Grunde müsste so jemand heute für «Konkret» schreiben. Nur dass sie ihn heute bei «Konkret» gar nicht nehmen würden, weil er wahrscheinlich nicht schreiben kann oder aber zu proletarisch ist. Bolschewismus? Ja gerne, dort drüben, im Salon, bitte!

Wir sehen hier nicht nur eine Spezies, die praktisch ausgestorben ist, hier wird auch eine eklatante Veränderung der Gesellschaft sichtbar. Heute würde doch keiner mehr auf die Idee kommen, die Berlinale als High-Society-Spektakel zu geißeln. Im Gegenteil, inzwischen stehen sich sogar schon Laminatlegerlehrlinge die Beine in den Bauch, um ein Ticket für eine mongolische Langzeitdokumentation über einen transsexuellen Stutenmilchverkäufer zu erwerben. Man könnte diese Veränderung als eine Demokratisierung begreifen und begrüßen, weil das Proletariat nicht länger ausgesperrt ist. Für mein Dafürhalten tut es allerdings weder der Gesellschaft gut, das Proletariat nicht auszusperren, noch tut es dem Proletariat gut, nicht ausgesperrt zu sein. Das wiegt sich nämlich jetzt in dem trügerischen Glauben, dazuzugehören, und benimmt sich entsprechend. Die schöne bürgerliche Gesellschaft geht den Bach runter. Und der Prolet korrumpiert sich selbst, vergisst, dass Rucola eigentlich Unkraut ist, lässt sich den Unterschied zwischen Sushi und Uschi erklären, füllt mit seiner Weltanschauung das Olympiastadion und fragt bestenfalls, ob er heute mal Contrasecco statt Prosecco haben könne, ihm sei halt so, er weiß schließlich noch, wo er herkommt ...

Diese Trennung von Publikum und Prominenz, von Künstlern und Konsumenten ist natürlich in fataler, quasi revisionistischer Art und Weise von Andy Warhol durchbrochen worden, indem er jedem seine 15 Minuten Ruhm versprach. Man kann diesen schrulligen Pop-Art-Erfinder durchaus als eine Art August Bebel der Mediengesellschaft begreifen. Während der eine die Frau mit dem Sozialismus und die Arbeiterklasse mit der antagonistischen Ausbeutergesellschaft aussöhnte, hievte der andere das Publikum von der Couch vor dem Fernseher in selbigen hinein. Die traurigen Auswirkungen dieser vermeintlich kulturrevolutionären Tat sind heute per Knopfdruck rund um die Uhr und senderübergreifend zu bestaunen.

VOLKSCHOR RADEBERG

Doch vom Fernsehen des späten Rom, von der Bildschirm-
barbarei der Soldatenkaiser- und Völkerwanderungszeit
zurück in die heitere Frühzeit des Mediums und zu einem
bemerkenswerten Ausschnitt aus der Sendung «Schlager
einer kleinen Stadt», die das DDR-Fernsehen am 16. 12. 1964
ausstrahlte: Ein Fernsehteam wird in die Fernseher, Bier und
Schlafzimmer herstellende kleine Stadt Radeberg geschickt,
um die Menschen zu fragen, was für sie das Beste auf der
Welt sei. Und erhält als Antwort: Fernsehen, Bier, Schlafzimmer. Das ist in seiner lokalpatriotischen Präzision durchaus beeindruckend.

Es werden sowohl Erwachsene als auch Kinder interviewt.
Dabei fällt zum einen auf, dass die Minderjährigen nicht wie
heute von oben herab gefilmt werden, sondern auf Augenhöhe. Die Kinder werden also nicht durch die Kamera un-
nötigerweise doppelt infantilisiert und zur Inkarnation eines
putzigen Klischees degradiert, sondern tragen gleichberech-
tigt ihren Anteil zur Beantwortung der gestellten Frage bei.
Insofern liegt man nicht falsch, wenn man behauptet, dass
hier, in der Frühzeit des Mediums, das Fernsehen noch bei
sich ist und sich nicht bemüht, Bilder herzustellen, die vorher
im Kopf (und nur da!) waren; die es eigentlich nicht gibt,
aber von denen Fernsehmacher annehmen, dass Fernsehzuschauer sie so sehen wollen.

Das zeigt sich auch in den Gesichtern, die vor der Kamera
erscheinen. Erstaunlich wirkliche Gesichter, Charakter-
gesichter, Gesichter, die es rätselhafterweise so auch nicht
mehr gibt. Wenn man heute die aktuellen Fernsehgesichter
aneinanderreiht, muss man feststellen, dass die eher an
Kieselsteine erinnern: Das Fernsehen als reißender Strom
hat offensichtlich alle ehemals kantigen Steine so lange hin

und her bewegt, bis ein jeder glatt und abgeschliffen war. Wenn man Glück hat, ist ab und zu vielleicht noch ein Hühnergott dabei, aber das ist im Fernsehen wirklich ganz selten geworden. Sicher, wenn man heutzutage Gesicht für Gesicht durchgeht, kann man noch immer diverse kleinere Abweichungen feststellen. Der eine hat vielleicht Segelohren, die Haarfarbe unterscheidet sich unter Umständen, vielleicht sogar der Augenabstand. Aber was sie alle verbindet, ist ihre die Hände eines jeden Bäckers in höchste Betriebsamkeit versetzende Teigigkeit. Wer resthandwerkliche Regungen in sich verspürte, käme vor lauter Kneten gar nicht mehr zum Fernsehen.

In dieser Umfrage aus dem Jahr 1964 können wir sehen, wie Gesichter aussahen, bevor der Fernsehstrom zu fließen begann: ein Schornsteinfeger, Brillenträger, lustige Mützen und Kinder, die offen erzählen, was für sie das Tollste auf der Welt ist. Da wir uns allerdings im Jahr drei nach dem Mauerbau befinden, ist diese Welt natürlich etwas enger umzirkelt und heißt im konkreten Fall Radeberg.

Gesichter vor der Verteigung

WEICHE HIRNE, HARTE WÄHRUNG

Von der Hochphase der DDR-Gesellschaft und der Frühphase der Fernsehberichterstattung kommen wir nun zur Spätphase beider und damit zu einem sehr schrecklichen Dokument deutscher TV-Geschichte.

Mir fällt dabei immer Nero ein: Nicht dass er angeblich Rom anzünden ließ, soll hier interessieren, sondern seine rührende Liebe zum Singen, zum eigenen Singen. Wenn man ein ambitionierter Hobbymusiker ist, muss man sich sein Publikum suchen, führt der Weg «per aspera ad astra» über steinige Pfade zum Star-Sein; in aller Regel aber bleibt es bei den Steinen. Anders, wenn man Kaiser ist, dann ist man schon Star. Und wer als Kaiser tatsächlich singen will, kann kurzerhand befehlen, dass das Kolosseum zu füllen sei, denn ohne Publikum macht es keinen Spaß. Nero jedenfalls hat es genau so gemacht; er stellte sich ins vollbefohlene Kolosseum und sang. Bei dem großen Kaiserbiographen Gaius Suetonius Tranquillus, deutsch schnöde Sueton genannt, wird beschrieben, welche Wirkungen Neros misstönender Gesang bei seinem Publikum hatte und welche Reaktionen er hervorrief: Schwangere Frauen kamen vor der Zeit nieder, Männer versuchten, sich von den Mauern des Kolosseums abzuseilen, und stürzten dabei zu Tode; wieder andere stellten sich tot, in der Hoffnung, als Leiche herausgetragen zu werden.

Und genau in dieser Tradition steht ebenjenes schreckliche, im Jahr der deutschen Einheit aufgezeichnete Fernsehdokument. Die Szenerie ist schnell erklärt: Es ist der Abend des 30.6.1990, der Vorabend der Währungsunion, und in Strausberg feiert man fröhlich den Abschied von der DDR-Währung. Nun ist Strausberg an sich schon Strafe genug, saßen doch hier das DDR-Verteidigungsministerium, die Luftwaffe und jede Menge Zivilangestellter. Mithin eine Population, die den Ort nicht unbedingt zu einer DDR-Partyhochburg unzufriedener Staatsfeinde machte. Trotzdem hat man sich dort zusammengefunden, um die neue Währung, das heißt die Westmark, neronisch misstönend willkommen zu heißen. Aber lassen wir den musikalischen Aspekt für einen Moment beiseite, denn noch interessanter ist, was sich dort ideologisch abspielt. Vierzig Jahre Taschengeldschulungslager haben augenscheinlich keinerlei Wirkung hinterlassen; dieselben Leute, die vierzig Jahre lang den Mantel bis oben hin zugeknöpft hatten, aus Angst, beim kleinsten Huster nach Sibirien versetzt zu werden, geben sich nun umstandslos befreit. Wobei es nicht eigentlich die Freiheit ist, die bejubelt und besungen wird. Freiheit hin, Freiheit her – wenn ich Freiheit erleben will, dann mache ich zu Hause die Gardinen zu und tanze nackt! Was die anwesenden Strausberger in euphorischen Taumel versetzt, ist die Tasache, dass die Zeit des Taschengeldes, der Ostmark, der «Alu-Chips» (hier ist dieser Begriff am rechten Platz!) vorbei ist; jetzt kommt das richtige Geld. So liegt die eigentliche Schrecklichkeit des Gesanges nicht im Musikalischen – da auch! –, aber davon könnte man absehen, da ist man anderes gewohnt; nein, schrecklich ist vordringlich die Tatsache, dass hier Leute jubilieren, die aufs tiefste mit der DDR verbandelt waren. Darüber hinaus könnte man auch mit aller Berechtigung fragen, welchen Grund es überhaupt geben könnte, eine neue Währung herbeizusingen. Sicher, viel Euphorie speist sich aus der Demütigung, die man als Ostler erleben musste, wenn man im befreundeten Ausland Urlaub gemacht hat. Ob in Bulgarien, der Tschechoslowakei oder in Polen. Auf die Frage «Wo kommen Sie her?» und die Antwort «Deutschland» folgte immer das Nachhaken: «Ost oder West?» Und da wurde nicht nach Politik oder Völkerfreundschaft gefragt, das war einfach eine ganz pragmatische Frage, um zu erfahren, mit welchem Geld die Rechnung bezahlt werden würde. Mit Ostmark wurde man natürlich nur ausgelacht.

Diese Demütigungen im Hinterkopf und das Westwerbefernsehversprechen vor sich, das bekanntermaßen mit Ostgeld nicht einzulösen war, lassen die Erwartungen überschießen. Denn Geld hat ja sowohl eine identitätsstiftende als auch eine anonymisierende Funktion. Biographie, Charakter, Aussehen und Staatsangehörigkeit verschwinden hinter einer Währung, jedenfalls einer starken – aber man ist wer! Wer genau? Egal, solange man solvent ist, wird alles andere nebensächlich. Hinter dem richtigen Geldschein verschwinden also alle eigentlichen Persönlichkeitsmerkmale. Wenn man jedoch in diesen Saal in Strausberg schaut, ahnt man, so groß können die Geldscheine gar nicht sein, dass sie diese Physiognomien zum Verschwinden bringen könnten. Trotzdem setzen alle genau darauf ihre Hoffnungen. Immerhin – und da haben diese NVA-Angestellten ja recht – war die Westmark quadratzentimetermäßig tatsächlich größer als die Ostmark. Aber selbst mit einem 1000-Mark-Schein in der Hand würden 70 Prozent dieser Strausberger Spezies noch immer über den Rand hinausschauen.

Von daher ist der Song, der dort intoniert wird, dann doch ein Lied der Befreiung; eine Hymne von Leuten, die versuchen, sich von sich selbst zu befreien, die versuchen, sich selbst loszuwerden.

Wenn man allerdings vierzig lange Jahre nur auf ausdrücklichen Befehl ein- und ausgeatmet hat, dann hapert es natürlich auch an Spontaneität für fröhlichen Singsang. Aber auch da wusste man sich in Strausberg zu helfen und hat einen Vorsänger engagiert. Vermutlich ein Mitglied des NVA-eigenen «Erich-Weinert-Ensembles» – jedenfalls deuten der Haarschnitt und die rüde Ansprechhaltung dieses Entertainers auf einen militärischen Hintergrund. Während dieser gedungene Einpeitscher nun zur Gitarre greift, fordert er sein Publikum auf, die Geldbörsen zu öffnen: *Das ist die Stelle, wo Sie freundlicherweise alle mal so ein bisschen winken sollten, mit einem Schein, den wir demnächst vergessen können.* Die Botschaft kommt an, und da gerade in Strausberg an

Ein Bundesbank-Barde

DDR-Geld nie Mangel bestand, wedeln der Kamera kurze Zeit später unzählige rosa Engels- und bläuliche Marx-Köpfe entgegen. Schließlich beginnt der Mann mit heiserer Stimme und zu bekannten Volksweisen seinen Sirenengesang: *Ostmark ade, scheiden tut weh, aber dein Scheiden macht, dass mir das Herze lacht, Ostmark ade, scheiden ...* Noch aber singt das Publikum nicht mit, sondern wedelt nur debil / senil / infantil grinsend mit seinen 50- oder 100-DDR-Markscheinen. Deshalb versucht es der schneidige Entertainer mit einem abgewandelten Lenin-Zitat, in der Hoffnung, dass die alten Reflexe noch funktionieren: *Winken ist gut, singen ist besser – und jetzt alle!* Und tatsächlich, die Reflexe funktionieren noch. Vertrauen ist gut, Kontrolle ist besser! Ein leicht abgewandelter Klassikerspruch, und schon werden die Hacken zusammengeschlagen und die Münder zum Chorgesang aufgerissen: *Ostmark ade, scheiden tut weh, aber dein Scheiden macht, dass mir das Herze lacht, Ostmark ade, scheiden tut weh.* Und dann (Nero, ein Waisenknabe!) gibt es kein Halten mehr: *Lasst uns froh und munter sein und uns unseres Lebens freu'n, lustig, lustig, trallalalala, morgen ist das Westgeld da, morgen ...*

Man möchte vorzeitig niederkommen, von kolossalen Mauern springen, tot aus dem Zimmer getragen werden! Wenn die hier unbeschwert Singenden einfach die wären, die sie sind – es wäre kaum auszuhalten! Jetzt, da sie aber nicht einmal mehr sich selbst als Fixpunkt haben, bleibt wirklich gar nichts mehr übrig. Selffulfilling Vakuum. Schlimm ist vieles, dieses Nichts ist schlimmer.

Das lockige Mark der DDR

Zumal man davon ausgehen kann, dass die Anwesenden durch die Währungsunion nicht wirklich zu Reichtum gelangen werden. Und das macht es auch historisch so aussichtslos. Deshalb kann man nur empfehlen, sich in ähnlichen Situationen tot zu stellen oder Kinder zu kriegen, verrückt zu werden oder Strausberg weiträumig zu umfahren.

Von Strausberg noch einmal zurück nach Radeberg. Ein Schritt, der zwingend ist, um beim Leser nicht den Eindruck aufkommen zu lassen, die Sangeskunst hätte es im Osten nur in ihrer hässlichen, neronischen Ausformung vor die Kamera gebracht. Womit man ohnehin falschläge, denn das eben beschriebene Strausberger Trauerspiel ist der Höhepunkt einer Ostler-Bashing-Reportage des Norddeutschen Rundfunks.

EWIG LOCKT DIE HANDTASCHE

Während also der oben sezierte Gesang – NDR hin oder
her – unstrittig belegt, dass an gewissen geschichtlichen
Umschlagpunkten das historische Subjekt sich bar jeden
Verstandes fröhlich gern selbst ins Knie schießt, kommen wir
nun zu einem Schlager, der es durch und durch heiter mit
uns meint. Allerdings gibt es da ein Problem. Denn selbst
wenn ich die feste Absicht hätte, einen schlichten heiteren
Schlager zu lobpreisen – es geht nicht. Überfällt mich doch
in solchen Fällen sofort ein adornitischer Beißreflex, und ich
komme nicht umhin, misstrauisch zu werden und das, was
ich am liebsten glauben würde, doch nicht glauben zu können. Und der hier zur Diskussion stehende Schlager eignet
sich dafür nun einmal besonders gut. Eigentlich spielt er im
bewährten Themenbereich Mann-Frau-Eisenbahn auf einem
Bahnhof. Klassisches Ankunfts- oder Abschieds-Schlager-
Klischee; ein Mann und eine Frau treffen sich – aber wir
wollen nicht voreilig sein, schauen wir uns doch zunächst
einmal die Frau etwas näher an: Sie sieht gut und lässig und
adrett frisiert aus, scheint dem Mann durchaus Paroli bieten
zu können, sie steht selbstbewusst im Leben. Man könnte sie
für die Verkörperung der gleichberechtigten DDR-Frau halten, bliebe sie nicht den ganzen Schlager über stumm; und
Stummheit ist nicht gerade ein Ausweis von Souveränität,
Rumstehen ebenfalls nicht. Und da liegt der Finger auch
schon auf der Wunde. Denn wenn sie mal durchs Bild läuft,
kann man sich des Eindrucks nicht erwehren, dass diese
inkarnierte DDR trotz aller weiblichen Rundungen wie von
Moskau ferngesteuert läuft. Man weiß natürlich nicht, ob das
von den Fernsehmachern in subversivem Übermut absicht-
lich so eingebaut wurde, aber es ist eher unwahrscheinlich,
dass DDR-Kulturschaffende 1964 zur besten Sendezeit Kritik

an den bestehenden Verhältnissen üben. Eher scheint es, als hätten sich die historischen Gegebenheiten völlig unbeabsichtigt und selbständig in die Choreographie dieses Clips eingeschrieben. Denn trauriger- und historisch ungerechterweise ist diese Frau ohne Funktion – sieht man einmal davon ab, dass sie die potentielle Erstempfängerin und Sinnstifterin des hier dargebotenen Liedes ist. So etwas kennt man ja auch aus der westlichen Populärmusik: Irgendwo steht eine schnittige Braut faul im Bild herum und wird angeschmachtet. Nur

Ostfrau mit Doppelbelastung

in unserem Fall macht es die Dame auf dem Radeberger Bahnhof dann doch wieder so großartig, dass man ihr eine gewisse weibliche DDR-Typizität nicht absprechen kann. Seit den ganz frühen neunziger Jahren gibt es ja den bekannten, von «Bild»-Zeitung und «Super Illu» immer neu genährten Mythos, dass Ostfrauen besser im Bett seien. Darum soll es hier nicht gehen, und egal, ob Ostfrauen besser im Bett sind oder nicht, sie sind auf jeden Fall besser in der Handtasche! – Ein Satz, der an dieser Stelle noch nicht zu verstehen ist und auch grammatikalisch nicht ganz richtig klingt, der sich aber im Folgenden selbst ein- und auflösen wird. Zurück zu den Accessoires, sie wirken, wie die gesamte Garderobe, sehr bedeutungsvoll. Exemplarisch zeigt dies der Mantel der Frau, gibt es doch dort einen modischen Aspekt, der uns ebenfalls, zehn Jahre später freilich, bei Cindy & Bert an Berts Jacke auffiel: Erneut begegnen uns hier idealkommunistische Knöpfe, die den Vorschein einer Gesellschaft darstellen, «worin die freie Entwicklung eines jeden (Knopfes) die Bedingung für die freie Entwicklung aller (Knöpfe) ist». Aber genug von der Frau und ihren extraordinären Knöpfen, beide spielen nur eine Nebenrolle, sind Statisten in diesem präfeministischen filmischen Meisterwerk der Schlagervisualisierung. Die eigentliche Hauptfigur ist wie schon in den letzten 7000 Jahren der Menschheitsgeschichte der Mann, und er singt:

Meine große Liebe wohnt in einer kleinen Stadt.
Meine große Liebe, die mein Herz verzaubert hat.
Drum mach ich lange schon an jedem Wochenend'
die Reise in die Seligkeit,
denn wenn man erst einmal die Sehnsucht kennt,
ist nie ein Weg zu weit.
Ihre dunklen Augen haben es mir angetan,
und ich schau die ganze Woche keine andere an.
Und fragt mich irgendwer, gibt es denn keine,
die dein Herz gefangen hat?,
sag ich: Meine große Liebe wohnt in einer kleinen Stadt.

Leider ist das auch schon alles. Und für sich betrachtet, ist dieser Mann genauso wenig interessant wie der Text, den er zum Vortrag bringt. Verwunderlich ist das nicht, war doch die DDR ein kleines, überschaubares Gebiet. Es gab einfach nicht so viele Talente, unter denen man die große Auswahl gehabt hätte. Dafür gab es allerdings eine merkwürdige Disponibilität der Arbeitskräfte. Und so sehen wir hier jemanden als Schlagersänger, der unter Westverhältnissen garantiert bei Guido Knopp den SS-Mann hätte spielen müssen. Er hat nicht nur so ein komisches, irres Zucken in den Mundwinkeln, sondern auch eine Zahnstellung, bei der einen schnell dunkelste Vorahnungen beschleichen; heute singt er noch Schlager, aber morgen ist er vielleicht schon in einem KZ-Reenactment-Film Ihrer Wahl als Hundeführer zu sehen.

Der Schlager-Scherge

Eine Beweglichkeit, die den Schlagersängern heutzutage völlig abgeht. Und so kann es auch nicht erstaunen, dass dieser Zonensänger am Ende seine Angebetete mit eisernem Zangengriff abführt. Ob zum Rendezvous oder zum Verhör, bleibt offen, denn der Clip endet an der Stelle.

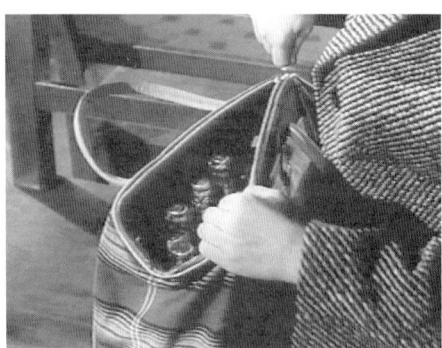

Eine Handtasche der Seligkeit

Vergessen werden soll allerdings nicht die Handtasche. Ihr Geheimnis – wir erinnern uns, das alles spielt in und kündet von Radeberg (Fernseher, Bier, Schlafzimmer) –, ihr Geheimnis, ihr Inhalt, ein Akt höchsten weiblichen Opfermutes, unvergleichlicher Selbstaufgabe, besteht aus – acht Flaschen Radeberger Bieres. Vielleicht erklärt das Gewicht der Tasche auch den schleppenden Gang der Frau. Im Großen und Ganzen kündet diese Sequenz zumindest von nichts Geringerem als der Doppelbelastung der werktätigen Frau und erklärt zugleich die Sehnsucht des Mannes; die Tatsache, dass ihm kein Weg zu weit ist und worin eine männliche Reise in die Seligkeit besteht.

UNTERSCHICHT MIT OBERWASSER oder WAS DAS PREKARIAT VOM OSTRIND IM UMGANG MIT DEN MEDIEN LERNEN KANN

notwendig

scheint mir erst einmal die Rehabilitation des Begriffes «Unterschicht». Eine Gesellschaft signalisiert ja zuerst verbal, wenn sie zu verrohen droht. Vor dem Mord steht immer der Rufmord, und so nimmt es nicht wunder, dass der Terminus «Unterschicht» beziehungsweise «Neue Unterschicht» just zu einer Zeit in Mode kam, als die rot-grüne Bundesregierung die vierte Stufe ihrer Hartz-Reformen auf den Weg brachte. In die aktuelle politische Debatte wurde der Begriff 2004 von dem jungkonservativen Historiker Paul Nolte eingeführt, der damit den vermeintlichen Bodensatz von der Mehrheitsgesellschaft trennen und stigmatisieren wollte. Vorher kannte man so etwas ja nur aus der Küche. Beim Milchreis etwa, da ist die untere Schicht oft so ab- beziehungsweise angebrannt, dass man gleich den ganzen Kochtopf in den Müll hauen muss. Oder, im Gegensatz dazu, beim Gänsebraten, wo man eigentlich nur mit Hilfe des Bodensatzes eine anständige Soße zaubern kann. Und genau so verhält es sich mit dem Prekariat, also der neuen Unterschicht. Wenn man ihr zu viel Feuer unter dem Arsch macht, sie schurigelt, kujoniert und kurzhält, brennt sie an, fängt gar Feuer und reißt die ganze Gesellschaft inklusive Mittel- und Oberschicht in den Abgrund. Schwups, heute blättern sie noch träumend im «Weine Spezial» der «Süddeutschen Zeitung», und morgen liegen sie schon wie die Romanows mit Schwefelsäure überschüttet in einem Wäldchen bei Jekaterinburg. Mit der Unterschicht ist eben nicht zu spaßen. Schenkt man ihr aber den nötigen Respekt, verleiht sie dem faden Leben des satteren Teils der Gesellschaft erst die richtige Würze. Insofern ist es für einen Kulturschaffenden wie mich natürlich klug und ratsam, sich mit ihr zu solidarisieren.

DIE KARTOFFEL
AUF DER LINKEN KLEBE

Dabei ist es heute ja nicht so einfach, Schulterschluss zu üben, denn die sozialen und kulturellen Grenzen sind längst fließend – wer heute noch Schicht war, ist morgen unter; oder umgekehrt: gestern noch Unterschicht und heute Mario Barth. Wenn man jedoch in alten Fernsehausschnitten kramt, bekommen diese Kategorien plötzlich wieder eine klare Kontur, dann steht die Unterschicht, das Prä-Prekariat, plötzlich stolz lächelnd vor einem und reckt kämpferisch die Brust. Unterschicht mit Oberwasser. Und ein Lothar Emmerich gehört dazu. Den Mann werden die wenigsten Leser kennen (ich korrigiere dahingehend: Fußballbegeisterte Leser, denen ich mich leider nicht zurechnen darf, kennen ihn natürlich), obgleich (ja, so ein Obgleich zu schreiben, trauen sich nur die Ahnungslosen) er es seinerzeit als Fußballer zu einer gewissen Berühmtheit (ja, die Berühmtheit so relativierend eine «gewisse» zu nennen fiele Kennern nicht ein) gebracht hat. In der WM-Vorrunde 1966 (Auskenner können die folgenden zwei Seiten überblättern!) hat er für die bundesdeutsche Nationalmannschaft das 1:1 gegen Spanien geschossen. Was natürlich schnell vergessen worden wäre, hätte Emmerich diesen Treffer nicht aus einer, wie es damals hieß, ganz unmöglichen Position erzielt. Er hat als Linksfüßler praktisch den Ball aus spitzestem Winkel direkt ins Tor geschossen und wurde fortan «Emma mit der linken Klebe» genannt. Von ihm selbst ist der kernige Ausspruch überliefert: «Ich habe nie lange gefackelt, sondern die Kartoffel immer sofort auf die Bude geballert.» Fußball war damals tatsächlich noch ein Sport von Unterschichtmännern für Unterschichtmänner. Selbst Nationalspieler durften damals noch reden, wie ihnen der Schnabel gewachsen war. Und auch nach seiner Fußballkarriere hob Emmerich nicht ab. Heute werden Exprofis ja für gewöhnlich von Fernsehanstalten als Komoderatoren engagiert oder von Telefonanbietern als Sympathieträger gekauft; als Emmerich seine Fußballschuhe an den Nagel hängte, widmete er sich einem Job als Kanalinspektor. Nach ein paar Jahren wurde er dann Fanbeauftragter seines Heimatvereins «Borussia Dortmund». Heute vergeben Fußballklubs diese Stelle gerne an Spieler, die von der Werbewirtschaft ignoriert worden sind – entweder weil sie kaum ein Mensch kennt, weil sie eine Hasenscharte oder

Kanalbeobachter mit Ball

ein Drogenproblem haben, stottern oder einfach zu anständig sind.

Letzteres traf schon damals auf Lothar Emmerich zu; eine ehrliche Unterschichtenhaut, an die man sich immer dann gern erinnerte, wenn sich sein Wundertor jährte. 1976 ist ein Sportredakteur der ARD auf die grandiose Idee verfallen, sich von Emmerich, dessen originales Tor mit Sicherheit in den Archiven zu finden gewesen wäre, dasselbe zehn Jahre später noch einmal vorführen zu lassen. Das Schöne ist, dass man daran sehen kann, wie Fernsehen eigentlich und gern arbeitet, denn letztendlich kommt Fernsehen ja sowieso immer zu spät: Bis ein Fernsehmann seine Kamera an den Ort des Geschehens gebracht hat, ist das, was passiert ist, für gewöhnlich natürlich längst schon passiert. Aber da hat das Fernsehen seinen Stolz und seinen Ehrgeiz. Das lässt es nicht auf sich sitzen, sondern inszeniert nach. Hitler schon tot? Nur die immer selben Bilder aus den Archiven, der Zuschauer will nicht immer dasselbe sehen! Kein Problem – Guido Knopp klebt sich eine Handvoll Baumarktpinselborsten unter die Nase, und schon geht der Zweite Weltkrieg von vorne los; neu, in Farbe und mit ungesehenen Bildern und sympathischeren Darstellern, als es Hitler/Himmler/Goebbels waren. In unserem Fall ist der Hauptheld des verflossenen Geschehens Gott sei Dank noch am Leben und darf sich selber spielen. Emmerich ist inzwischen freilich zehn Jahre älter, und die Kanalbeobachtung hat auch bei ihm Spuren hinterlassen. Zugegeben, auch zehn Jahre später wird nochmal ein tolles Tor gezeigt, aber damit lässt es das Fernsehen natürlich nicht bewenden. Nein, es nötigt den medienunerfahrenen Lothar Emmerich auch noch dazu, sein Tor zu erklären. Und das gibt mir wiederum Gelegenheit, auf einen eingangs bereits angerissenen Aspekt näher einzugehen: Eine Sekunde Fernsehen, das sind 25 Bilder. Das heißt, ein kleiner Archivausschnitt von zweieinhalb Minuten wartet mit 3750 einzelnen Bildern auf. Damit kann man ein ganzes Museum füllen, und die Hälfte bliebe immer noch im Depot.

Und eigentlich müsste man sich richtig Zeit und einen Führer nehmen, um dieser Bildermasse Herr zu werden; jemanden, der sagt, hier sehen Sie das, dort sehen Sie dies, und nun gehen wir in den nächsten Saal.

Diesen Part übernehme ich für gewöhnlich, in diesem Fall aber macht das Lothar Emmerich selbst. Er schafft es, ein Ereignis, das schätzungsweise eineinhalb Sekunden gedauert hat, in gut zweieinhalb Minuten nachzuspielen und zugleich zu erläutern. Emmerich stellt seinen fulminanten Schuss, den er fast von der Seitenlinie aus der Luft geschossen hat und in der oberen linken Ecke des Tores platzierte, noch einmal nach. Und zwar in aller gebotenen Genauigkeit und Ausführlichkeit, etepetete – das heißt ja nichts anderes als Schritt für Schritt –, besser, als es je eine anonyme stumme Zeitlupe schaffen könnte. *Ich war also nicht weit von der Außenlinie entfernt. Da hat er mir den Einwurf gegeben, das heißt also, ein Einwurf über acht, neun Meter und – wir müssen etwas weiter da rübergehen –, und ich habe den Ball einmal aufticken lassen und habe ihn direkt genommen, und Sie wissen, in England sind die Bälle sehr hart und sehr klein, und ich habe ihn so glücklich getroffen, dass der eine unheimliche Fahrt bekommen hat und eben genau oben im Dreieck vom Tor drin war. Also, das war, die Situation war ungefähr hier, von hier aus, man kann also sagen, zwei Meter von der Außenlinie habe ich den Ball, in der Höhe habe ich den Ball getroffen, volley. Ich habe den sehr glücklich getroffen, und er ist am Torwart rechts vorbeigeflogen, in der Höhe, hier oben in das berühmte Dreieck, hier oben rein. Da. Und die Zuschauer haben alle gedacht, der Ball wäre am Tor vorbeigegangen und wäre dahinten rausgekommen, dabei ist er hier im Netz hängengeblieben, und das war also das Tor, wo keiner mit gerechnet hat, dass ich das aus dem Winkel schießen würde, und das war das entscheidende Tor zum 1 : 1 im Spiel gegen Spanien, wo wir dann noch 2 : 1 gewonnen haben, was also jetzt nach zehn Jahren noch immer berühmt ist. Das sind Tore, die vergisst man nicht so leicht.*

So weit, so gut. Eine schöne, eine plastische Beschreibung. Aber damit lässt es der Sportredakteur nicht bewenden. Offensichtlich war er von dem ruhigen, sachlich-nüchternen Vortrag Emmerichs ein wenig enttäuscht. Schließlich sind er und sein Team angereist, um ein Jahrhunderttor – wenn auch mit zehnjähriger Verspätung – zu feiern. Und nun das: Emmerich nüchtern, ernst, der Sache verpflichtet; das Fernsehen aber, dem die Sache tendenziell eher scheißegal ist, will lieber «menscheln». Also entschließt sich der Reporter, alle Masken fallen zu lassen, und schenkt uns so einen der seltenen Momente, wo sich das Medium selbst verrät, wo es uns quasi unter die Nase reibt, wie viel Mühe es kostet, Authentizität herzustellen – wobei Authentizität ja grade das nicht Hergestellte wäre … Egal. Wir betreten jetzt also jene journalistische Giftküche, aus der sich heute gut zwei Drittel unseres Unterhaltungsprogramms speisen. An Emmerich nämlich, der noch immer geduldig auf dem Fußballfeld steht und den Anweisungen des Fernsehteams lauscht, geht nun die Aufforderung, doch zu zeigen, wie er sich damals nach seinem Torschuss gefreut hat. *Wie haben Sie sich gefreut?,* insistiert investigativ der Reporter, und allein die Fragestellung macht deutlich, dass er Emmerich aufs Glatteis führen will; der verdiente Volksfußballer soll sich vor den Augen eines Millionenpublikums zum Kasper machen. «Sehr», hätte Emmerich antworten können, aber das ist nicht der Zweck – er soll am besten in einem menschenleeren Stadion vor fünf frustrierten Angestellten des öffentlich-rechtlichen Fernsehens in frenetischen Jubel ausbrechen. Und als ob das noch nicht genug der Peinlichkeit wäre, wird auch noch die Geschichte zum Wohle der platten Unterhaltung auf den Kopf gestellt.

Zwar hatte Emmerich während seiner langen, erfolgreichen Karriere unzählige Male gejubelt und dabei seinen ganz eigenen Stil, eine ganz individuelle Choreographie entwickelt, die kam aber nach jenem legendären Tor der WM-Vorrunde 66 grade nicht zum Zuge.

Damals nämlich rissen ihn seine Mitspieler vor Begeisterung so schnell zu Boden, dass Emmerich gar nicht dazu kam, seine persönliche Jubelorgie zu starten. Wobei Jubelorgie vielleicht etwas übertrieben ist, denn für gewöhnlich reckte Emmerich nach einem gelungenen Torschuss lediglich die rechte Faust und sprang dann – mit gereckter Faust – circa vierzig bis sechzig Zentimeter in die Luft. Nach seinem legendären 1:1 gegen Spanien kam es aber nicht dazu, weshalb er jetzt auch etwas unschlüssig ist, wie er auf die hinterfotzige Aufforderung des Fernsehsportreporters reagieren soll. Hier offenbart sich ein generelles Unterschichtenproblem: die fehlende kritische Distanz zum Medium. Dadurch nämlich, dass das Fernsehgerät spätestens seit den siebziger Jahren zur Grundausstattung eines jeden deutschen Prekariatshaushalts gehört, wird das Medium nicht mehr als Bedrohung, als fremd, als das Andere wahrgenommen. Der Bildschirm gehört zur Familie. In vielen Haushalten hat er längst den

Partner oder die Erziehungsberechtigten ersetzt, obgleich Gattin oder Gatte, Mutti oder Vati noch physisch anwesend sind. Insofern ist es natürlich schwierig, den Repräsentanten dieses einem scheinbar so vertrauten Mediums mit Misstrauen zu begegnen. Auch Emmerich ahnt nichts von dem Missbrauch, der an ihm verübt wird, und so lässt sich der pensionierte Fußballer tatsächlich nötigen, in geschichtsverfälschenden, aber fernsehkompatiblen Jubel auszubrechen.

Freudensprung (nachgestellt)

Und das gleich zwei Mal, weil eben das Fernsehen für Emmerich so etwas wie Mutti ist, der man nicht genug Schlagsahne auf die Geburtstagstorte schaufeln kann. Emmerich: *Wenn ich also ein Tor geschossen habe, laufe ich weg und spring hoch und mache mit der Hand so, das ist also die erste Freude, dann hat man sich abreagiert, und man weiß also, es war ein Tor. Ging alles unheimlich schnell? Also noch einmal. So!*

So etwas findet heute ja tagtäglich und rund um die Uhr auf unseren Bildschirmen statt, nur nicht mehr so pur und ehrlich verlogen. Wenn sich einer heute im Fernsehen freut, dann freut der sich freiwillig, er weiß sicher nicht, worüber oder warum – aber irgendwie ist Freude gefordert und angesagt und cool, und die, für die man sich freuen soll, freuen sich, weil man sich gefreut hat. Aus dem Schiller'schen Götterfunken wird ein verheerender Waldbrand.

Wer vielleicht beim Lesen des vorherigen Abschnitts den Kopf geschüttelt hat, weil er die Klassifizierung des Fernseh-

apparats als integralen Bestandteil des Unterschichtfamilien-
verbandes für übertrieben und an den Haaren herbeigezogen
fand, wird bei folgendem Fall nicht umhinkommen, sich
selbige reumütig zu raufen.

EIN EXPERIMENT
AM LEBENDEN ZUSCHAUER

Wir bleiben im Jahr 1976, denn ungefähr zur selben Zeit, da
Lothar Emmerich vor der Kamera stand, fand in Westberlin
ein bemerkenswertes Experiment statt. Das Fernsehen hatte
seinen Siegeszug längst erfolgreich abgeschlossen und die
Lufthoheit in den deutschen Wohnzimmern gewonnen. Aber
anders als heute ließ dieser Einbruch in die Privatsphäre
Soziologen und Kommunikationswissenschaftler nicht kalt,
sondern ermutigte sie im Gegenteil, die Grundsatzfrage zu
stellen.
So etwas ist heute ja kaum noch denkbar, fundamentale
Medienkritik – wo gibt's die denn noch? Wer traut sich
denn heute noch, wie weiland Adorno von «imperialistischer
Kulturindustrie» zu sprechen? Jeder will nur noch mit-
spielen. Gesellschaftskritik? Gibt es nicht mehr. Jeder will
nur noch dazugehören. Das war vor vierzig Jahren noch
anders. Da wurde die Allgegenwart des Fernsehens noch
nicht widerspruchslos hingenommen, das Medium nicht ach-
selzuckend als gottgegebene Naturgewalt akzeptiert. Nein,
da regte sich Widerstand, da fragten sich ernsthafte junge
Geisteswissenschaftler, welche Folgen die neue Supermacht
im Wohnzimmer für die Familienkommunikation haben
würde. Solch eine Fragestellung hat ja nicht an Aktualität

verloren, aber wer würde denn heute noch wagen, so an deutschen Türen zu klingeln: «Guten Tag! Wir sind junge, kritische Forscher und nehmen jetzt mal Ihren Fernseher weg, und dann gucken wir, was passiert»? 1976 war das noch möglich, ja war sogar noch das Fernsehen selbst bereit, dieses medienkritische Experiment zu dokumentieren.

Die Ausgangssituation ist schnell skizziert: Zwei Berliner Durchschnittsfamilien erklären sich bereit, im Dienste der Forschung einen Monat auf ihren Fernseher zu verzichten.

Tapete statt Testbild

Man fragt sich natürlich, warum tun die das? Vielleicht gab es eine kleine Entschädigung, vielleicht war es aber auch die Anwesenheit der Fernsehkamera, die sie treuherzig in dieses Wagnis trieb. Jedenfalls leisten sie keinen Widerstand, als die Geräte aus den Wohnungen getragen werden. Dann werden Mikrophone aufgebaut, und die erste Probandengruppe, im Film als Familie Völker vorgestellt, soll erzählen, was sie von der Abwesenheit des Fernsehers erwartet. Vati Völker ist vorsichtig skeptisch und zu keiner vorschnellen Prognose bereit: *Na, mal sehen, wie wir das wohl überstehen werden.* Ein apokalyptischer Unterton ist nicht zu überhören, aber die Neugier, welche Auswirkungen das Experiment bei ihm und seiner Familie zeitigen wird, überwiegt: Wie werde ich wohl reagieren, wenn kein Fernseher mehr da ist. Das würde mich aber mal interessieren. Über sich selbst rätseln, das alte delphische «Erkenne dich selbst»! Vielleicht bin ich ganz froh, dass die Flimmerkiste mal weg ist, oder vielleicht werden wir auch wie die

Geier darauf warten, dass sie wiederkommt. Mal sehen, was passiert. *Vielleicht wird es ein Fest,* sagt seine Frau, und man weiß nicht, ob sie das tatsächlich glaubt oder nur dem langhaarigen Soziologen, der das Experiment überwacht, nach dem Munde redet. Aber egal, sie liefert mit dieser Bemerkung ganz offensichtlich eine Steilvorlage, denn sofort erhebt sich ein vielstimmiger Chor der Fernsehgefangenen: *Man hat mehr Zeit, man könnte auch wieder mal rausgehen und Leute besuchen.* Und dazwischen brüllen die Kinder: *Oma, Oma!* Man merkt, die armen Kleinen sind sich nicht sicher, ob Oma noch lebt. Aber immerhin, jetzt, wo der Fernseher weg ist, kann man ja mal nachschauen. Eine schöne Vorstellung; Familie Völker macht sich zur besten «Tatort»-Zeit auf den Weg. Vati schließt mit Omas Notschlüssel die Tür auf, und da sitzt die alte Frau als Mumie, Gesicht im Teller, vor dem laufenden Fernseher. Oder aber sie lebt, alle schließen sich in die Arme, tauschen sich über die vergangenen zehn Jahre aus und geloben, ab jetzt alles anders und besser zu machen. Ein wenig wundert man sich, dass diese Leute gar keine Angst vor dem kalten Entzug haben. Ein Blick auf die Inneneinrichtung und ihre Garderobe lässt jedoch vermuten, dass ihnen ohne Fernseher wirklich nichts fehlt: Die wild gemusterten Pullover, die Kissen, die Vorhänge – da wird dem Auge schon einiges geboten, das reicht für vier Wochen. Aber darauf wollen sich die kritischen Wissenschaftler nicht verlassen. Sie wissen um ihre Verantwortung und sind bereit, im Notfall einzugreifen. Zweimal in der Woche, so erfahren wir, kommt ein Beobachtungsteam zu Besuch und schaut nach dem Rechten.

Im Fernsehbericht werden diese Kontrollbesuche leider ausgespart. Hier sehen wir nur, was am Ende des Experiments aus den Familien geworden ist. Vermutlich hat der Sender das Budget gekürzt, weil ihm dämmerte, dass er sich mit einer solchen Dokumentation ins eigene Knie schießt. Auf jeden Fall knausert man nun mit dem Filmmaterial, weshalb jetzt beide Familien zusammengepfercht um einen Tisch herumsitzen und gemeinsam Rede und Antwort stehen müssen. Familie Völker sitzt etwas geknickt da, vermutlich hat man die Oma erst am Tag zuvor zu Grabe getragen. Jedenfalls ist alle Zuversicht aus den Gesichtern gewichen. Noch schlimmer aber geht es der zweiten Familie, einem jungen Ehepaar. Hier bricht plötzlich mit aller Gewalt eine scharfe Medien-

Szenen einer fernsehlosen Ehe

und Kulturindustriekritik hervor, die sich zwar selber nicht als solche begreift, aber umso mehr erschüttert. Ihr Sprachrohr ist die weibliche Hälfte des Probandenpärchens. Mit den Tränen ringend, beschreibt sie die Qualen, die sie erlitt, als der Fernseher aus ihrem Wohnzimmer und Alltag verschwand. Man muss nicht mit den Feinheiten seines Lebens und seines Werkes vertraut sein, es reicht, diese Frau zu hören, um zu wissen, was Adorno umgetrieben hat, um die Apokalyptik seiner Weltsicht zu teilen. Ihre Argumentation ist so klar, so präzise und fundamental kulturkritisch, dass sie hier im Wortlaut wiedergegeben werden soll:

Wird Zeit, dass der wiederkommt. (Schluchzen) Entschuldigung! Aber es wird wirklich Zeit, dass der wiederkommt. Wenn der weg ist, achtet man immer darauf, was der andere tut, und das kann dann ganz schnell zur Katastrophe führen, ehrlich. Ich kann das einfach nicht ab, ich brauch meine Ruhe. Wenn der Fernseher läuft, dann schaltet man einfach

ab, dann höre ich nicht (zeigt auf ihren Mann), was der sagt,
dann antwortet man nicht gegen, sondern denkt sich: Ach,
red doch.

Das ist doch höchst interessant, erst jetzt, wo der Fernseher
weg ist, merkt sie, dass sie mit einem Arschloch verheiratet
ist. Und wenn man weiß, dass die Familie – um hier mal
Engels zu zitieren – nichts anderes als die kleinste Zelle der
Gesellschaft ist, dann ahnt man, was Engels mit Zelle meinte
und welche Sprengkraft diesem Experiment innewohnt. Denn
wenn jetzt der Fernseher noch eine Woche länger weg wäre,
würde die junge Frau vielleicht merken, in was für einer Welt
sie lebt, würde Barrikaden bauen, rote Fahnen aus ihrem
Fenster hängen und zum Umsturz aller Verhältnisse auf-
rufen. Aber so weit kommt es natürlich nicht. Denn bei aller
Medienkritik, an den Grundfesten des Systems wollen unsere
jungen Wissenschaftler dann doch nicht rütteln. Also stellen
sie die Fernseher schnell wieder hin, während die gebeutelte
junge Ehefrau die Zuschauer warnt, sich bloß nicht auf ein
ähnliches Experiment einzulassen:
Mein Rat an jeden, der gefragt wird: Macht das nie!! Denn:
Wenn der (Fernseher) weg ist, achtet man immer darauf, was
der andere tut, und das kann dann ganz schnell zur Kata-
strophe führen!
Mein Rat an dieser Stelle lautet: Macht das!

SUBVERSION IST POSSIBLE!

Der Versuch, die Massen von ihren Fernsehgeräten zu befrei-
en, ist also schon 1976 gescheitert, und die Aussicht, dass so
etwas noch einmal gewagt wird, ist eher gering. Also kann es
nur darum gehen, dem Publikum einen souveränen Umgang

mit dem Medium anzutrainieren. Für solch ein selbstbewusstes, distanziertes Verhältnis zum Fernsehen findet sich in den Archiven des ehemaligen SFB ein schönes Beispiel.

Es stammt aus der Sendung «Kontraste» vom 17. 10. 1983. Damals war der Hauptgegenstand dieser Westfernsehsendung der Osten, insbesondere die DDR. Normalerweise ist man ganz hoch auf den Prenzlauer Berg in die Dachgeschossaltbauwohnung eines bärtigen Dissidenten gefahren, hat eine Flasche «Racke Rauchzart» auf den Tisch gestellt und sich ein paar Despektierlichkeiten über die SED-Tyrannei ins Mikrophon flüstern lassen. Diesmal aber hat der SFB-Reporter die sicheren Schluchten des Prenzlauer Berges verlassen und sich aufs Land begeben.

Wir sehen drei Protagonisten, oder genauer, wir sehen insgesamt 4002 Protagonisten: den Interviewer, den Interviewten – das ist der Genosse Wachsmuth, seines Zeichens Vorsitzender einer Landwirtschaftlichen Produktionsgenossenschaft, kurz LPG genannt – und 4000 Kühe. Und ich kann nur dazu auffordern, sich nicht an dem Interviewer und auch nicht am Genossen Wachsmuth, sondern an diesen 4000 Kühen ein Beispiel zu nehmen.

Denn diese Kühe verhalten sich nicht nur sehr souverän, sie liefern gleichzeitig auch eine melancholisch stimmende Metapher der letzten zwanzig Jahre deutsch-deutscher Geschichte. Nehmen Sie sich also ein Beispiel an den Kühen, auch wenn die keine Schwänze mehr haben. Die wurden ihnen nämlich aus vermutlich erfindlichen Gründen abgeschnitten. Man müsste wohl ein bisschen Ahnung von den Sachzwängen der Tierproduktion und der Tierhaltung haben, um zu verstehen, warum man Kühen den Schwanz abschneidet, zumal, wenn man 4000 davon hat.

Obwohl sich beim Anblick der Kühe der Verdacht der Vivisektion aufdrängt: Wahrscheinlich wurde bereits zu Lebzeiten der Kühe einfach Ochsenschwanzsuppe aus ihren Schwänzen gemacht. Die Kuh steht ahnungslos auf der Weide, zack!, ist der Ochsenschwanz ab.

Aber wahrscheinlich haben sie diese traurigen Stummel-schwänze aus vornehmlich hygienischen Gründen oder um dem Bauern das Melken zu vereinfachen. Dass der Bauer fröhlich seine Melkstöpsel anbringen konnte, ohne den Kuh-schwanz ins Gesicht zu bekommen, schien in diesem System offensichtlich jede Maßnahme zu rechtfertigen.

Wie dem auch sei, im Stall stehen also 4000 schwanzamputierte Kühe, und während über sie geredet wird, fallen gar wundersame Worte – gerade aus dem Mund des LPG-Vorsitzenden. Es geht um eine Preisreform in der DDR-Landwirtschaft und ihre Auswirkung auf die Rinderproduktion, und dabei werden zwei Grundprobleme der DDR-Wirtschaft benannt: erstens die Effizienz, die man mit der Preisreform zu steigern hoffte, und zweitens das Motivationsproblem, auf das hier auch eine Antwort gefunden wird. Wie bringt man den Ostler dazu, zu arbeiten? Seit der Wiedervereinigung ist das relativ einfach, alle, die nicht mehr arbeiten, bekommen Hartz IV und Hansa-Pils, und den Rest treibt man mit der Androhung von Hartz IV und Hansa-Pils zur Arbeit an. Das sind nicht zu unterschätzende Disziplinierungsmaßnahmen! Aber im Osten hatte man weder Hartz noch Hansa-Pils und deshalb ein Problem.

Der LPG-Vorsitzende Wachsmuth behauptet nun, der Wettbewerb zwischen den Betrieben motiviere die Beschäftigten: *Andersrum ist es so, dass wir einmal innerbetriebliche Wettbewerbsvereinbarungen haben, dass aber auch staatlicherseits bestimmte Wettbewerbsprogramme erarbeitet wurden und Zielstellungen, wo drum gekämpft wird und gerungen wird.* Aber dass das nicht stimmte, weiß man. Und so spielt er seinen letzten Trumpf und Anreiz aus:

Dafür gibt es Auslandsreisen auf DDR-Ebene, Schwarzmeer-
reisen, auch geldliche Anerkennung.

Auslandsreisen auf DDR-Ebene! Schwarzes Meer hin oder her
– es bleibt der Verdacht, dass es sich im Alltäglichen doch
eher um Reisen nach Philadelphia, ein Kaff im Süden Berlins,
oder zum nächsten Autobahndreieck handelte. So richtig
überzeugend klingt es jedenfalls nicht.

Das Verhältnis von Text und Bild in diesem Beitrag ist
interessant, die so oft im Fernsehen angewandte und von
mir immer wieder beklagte Doppelung der beiden Ebenen
– genau das, was man im Bild sieht, im Kommentar noch
einmal zu wiederholen – wird hier zugunsten einer freilich
manipulativen und polemischen Illustrierung aufgegeben.
Aber immerhin erhält der Zuschauer und Zuhörer die
Möglichkeit, die Lücke zwischen Bild und Ton mit eigenen
Gedanken zu füllen.

Reporter: 4000 Rindviecher stehen in den Ställen des Genos-
sen Wachsmuth. So ein Betrieb ist zu groß, auch in der DDR
hat sich diese Erkenntnis durchgesetzt. Die Tiere brauchen
zu viel Futter und produzieren zu viel Gülle. Beides muss
auf zu langen Anfahrtswegen hin- und hertransportiert
werden. Bisher gab es für Traktoren, für Lkws und Diesel so
üppige staatliche Subventionen, dass zur Verschwendungs-
sucht geradezu eingeladen wurde. Im nächsten Jahr, nach der
Preisreform, müssen sich die Bauern nach der Decke stre-
cken. Dünger werden etwa doppelt so teuer sein wie jetzt, der
Preis für Traktoren steigt. Aber ein Kilogramm Rindfleisch
bringt statt 6,70 Mark dann fast 10 Mark. Alles in allem
glauben die Bauern, dass sie fast ein Drittel mehr verdienen
werden als bisher. Und das Geld ist ja nur eine Möglichkeit,
die Leistungsbereitschaft im real existierenden Sozialismus zu
fördern.

Um den Zuschauer empfänglich zu machen, wird zunächst

einmal klassische Doppelung eingesetzt, indem man zu den Worten «4000 Rinder» einen vollen Stall mit 4000 Rindern zeigt. Die folgenden Stichworte «zu viel», «üppig», «Verschwendung» – Metaphern des Überflusses – werden mit dem Bild eines Hängers illustriert, von dem «endlos», «zu viel», «überflüssig» und «üppig» Grünfutter herabfällt – Verschwendung eben.

Ab jetzt aber Illustrationen von poetischer, gleichwohl finsteren Zwecken dienender Kraft: Zur Feststellung, dass die «Bauern sich nach der Decke strecken» müssten, wird fieserweise eine Kuh gezeigt, die mit langer Zunge versucht ans Futter heranzukommen, der das aber kaum gelingen will und die darauf resigniert den Kopf zurückzieht. Und zum Schluss, als Allegorie des schweren Schicksals von DDR-Bauern, fängt die Kamera einen todtraurigen, vorwurfsvollen Kuhblick ein. Tot, traurig, aber auch eine gemeine Unterstellung, vor allem wenn man die abgeschnittenen Schwänze bedenkt. Was will uns der Autor damit sagen?

Unhöflicher wird es, als der LPG-Vorsitzende Wachsmuth Rede und Antwort stehen soll und man, statt ihn im Bild zu zeigen, Kuhärsche abfilmt.

Ahnungslos und unverdrossen redet Wachsmuth vor sich hin, aber erst nach endlosen Minuten Kuhärschen am Stück hat der Redakteur Gnade und lässt auf Wachsmuth schwenken. Dabei sieht Wachsmuth im weitesten Sinne wirklich gut aus. Er ist nämlich ein bemerkenswertes Frisurwunder unter den ostdeutschen LPG-Vorsitzenden, da kann sich so mancher SFB-Moderator mehrere Strähnen von abschneiden. Dazu trägt er seinen besten – vermutlich einzigen – Schlips, den Trauerschlips, den er nur zu Beerdigungen oder eben fürs Fernsehen umbindet. Der Schlips selbst ist sehr geschmackvoll, der Rest der Garderobe lässt dagegen ein wenig zu wünschen übrig.

Dem LPG-Frisör ist nichts zu schwör

Doch darum geht es eigentlich gar nicht. Vielmehr soll mit Hilfe dieses Ausschnitts der richtige Umgang mit lästigen Fernsehreportern demonstriert werden – quasi eine subversive Medienstrategie.

Der konsequenteste Ansatz im Umgang mit den Medien stammt noch aus dem Kalten Krieg. – Wobei ich mich heute auch immer wieder in eine Situation des Kalten Krieges zurückversetzt fühle, aber heute ist man als Ostler ja nicht mehr nur DDR oder Ostblock, oder Warschauer Pakt, sondern alles zusammen und komplett umstellt von einer Kultur- und Gesellschafts-NATO; andauernd muss man mit Angriffen rechnen und sich verteidigen! – Deshalb ist das Studium des Kalten Krieges vielleicht auch in Bezug auf eine individuelle Verteidigungsstrategie ganz lehrreich.

Anfang der sechziger Jahre versuchte der Westen etwa in heilloser Naivität, den Osten in Berlin, an der Mauer, kulturell zu indoktrinieren. Kurz nach dem Mauerbau wurden Lautsprecher aufgestellt und rund um die Uhr fetzige Westschlager abgespielt, in der Hoffnung, den Osten dadurch in die Knie zu zwingen – kein dummer Gedanke, ich hätte vermutlich nach zwei Tagen die weiße Flagge gehisst. Der Osten war dann jedoch so clever, ebenfalls Lautsprecher aufzustellen und seinerseits Westberlin mit Arbeiterliedern zu beschallen. Arme Grenzer – zwischen Scylla und Charybdis, Sirenengesang von beiden Seiten und kein Wachs, um die Ohren zu versiegeln! Das Ende dieser Lieder: Der Westen gab – verständlicherweise – nach einer Woche klein bei und stellte den Schlagerterror ein, natürlich unter der Bedingung, dass auch die Arbeiterlieder wieder eingestellt würden. Wurden sie dann auch.

Zur gleichen Zeit gab es in Ostberlin Trupps junger Pioniere, die auf den Hausdächern herumstolzierten – an sich ja schon eine tolle Vorstellung – und alle Radioantennen, die in Richtung Westen ausgerichtet waren, abbrachen mit der frohen Losung auf den Lippen: «Die Wahrheit siegt, der RIAS lügt!»

Das Schöne daran war nicht nur das prima-abenteuerliche Gruppengefühl, sondern nicht strafbewehrt etwas kaputt machen zu können. Allen späteren westlichen Kopien dieser Kampagne wie «‹Bild› lügt», «‹taz› lügt» fehlte erstens der Reim und zweitens die heiter-kindliche Unbeschwertheit. Geschichte als östliche Komödie und als westliche Farce.

Und einen späten Reflex davon sehen wir nun im Verhalten der Kühe.

Ihnen gelingt es, den Interviewer völlig aus dem Konzept zu bringen. Mit den Kühen redet der ja nicht, vielleicht nur eingedenk der alten Bauernregel «Mit Essen spricht man nicht» – die Kühe jedenfalls schreiten stumm zur Tat.

Dabei haben wir es mit einem Reporter zu tun, der darauf trainiert ist, die allerfremdeste Realität, selbst eine DDR-LPG – und die ist für einen westdeutschen Reporter vermutlich weitaus exotischer als ein tibetanisches Kloster oder ein afrikanischer Dorfanger –, mit wissendem Gestus, wissendem

Anspruch und mit wissendem Gesicht zu beschreiben. Man möchte sich nicht vorstellen, welche Katastrophen nötig wären, die den Journalisten dazu bringen könnten, vor der Kamera ein erstauntes Gesicht zu machen. In dem Bereich, in dem Neugier und Erstaunen angebracht wären, strahlt er Sicherheit, Kompetenz und Zuständigkeit aus. Die Ost-Kühe aber greifen ihn an seiner verwundbarsten Stelle an, und da, wo seine Professionalität eigentlich zum Zuge kommen müsste, sieht man reine Hilflosigkeit.

Kühe in der Systemauseinandersetzung

Die Kühe fressen das Mikrophonkabel! Völliges Erstaunen und Nichtbegreifen beherrschen sein Gesicht, er verliert die Fassung. Die Kühe greifen zum einzig wirksamen Mittel, einen Fernsehreporter zu beeindrucken und in die Schranken zu weisen; Kalter Krieg, intelligent gelöst.

Letztlich kommen wir da auch zum Grundwiderspruch allen Fernsehens: Warum interpretieren, interpretieren, interpretieren, bewerten, bewerten, bewerten, scheiße finden, scheiße finden, scheiße finden, wenn es einen Knopf gibt, mit dem man einfach ausschalten kann?

Bleibt noch die interpretatorische Frage: Wie ist das Verhalten der Kühe historisch zu bewerten? Im Grunde gibt es da nur zwei gegensätzliche Interpretationsmöglichkeiten:

Zunächst könnte man denken, die 4000 Kühe seien alle von der Stasi instruiert worden, die Berichterstattung zu sabotieren. Man kennt das ja von diesen 1989er-Bildern; das Westkamerateam kommt, versucht zu filmen, und schon tritt ein Stasityp ins Bild und hält die Hand vor die Linse. Dasselbe machen jetzt, deutlich rabiater und auch cooler und selbstverständlicher, die Kühe.

Die andere Deutung wäre die, das liebe DDR-Vieh als klassisches Klischee der Nachwende-Ostler zu sehen: 4000 Zonen-Rinder, die beim Anblick eines Westkabels nicht anders können, als in Verzückung zu geraten, «... vierzig Jahre haben wir danach gehungert ...», und dann wird das Kabel weggefressen, ohne zu wissen, was man tut – so sind sie eben, die Ostler; Hauptsache, es ist aus dem Westen.

Ein einziger Vorgang, der so oder so bewertet werden kann, ohne dass ich mir jetzt anmaßen wollte, zu entscheiden, welche Interpretation die richtige ist. Das soll die Geschichte tun – oder die Kühe selbst. Aber die werden ja nicht gefragt. Denn: Mit Essen spricht man nicht.

MAUERFALL UND POWER-CRACKER

oder **WARUM WAHRE REVOLUTIONEN OHNE LÄRM AUSKOMMEN**

mag sein,

dass das Jahr 2009 für den einen oder anderen Banker, Pharmakonzernchef oder Bahnvorstand düster verlaufen ist, für die deutschen Auto- und Geschichtsverwerter aber mit Sicherheit nicht. Sie hatten alle Hände voll zu tun; zigtausend Gebrauchtwagen mussten zu Schrott gepresst werden, diverse, vermeintlich schicksalhafte Ereignisse feierten ihren runden Geburtstag und erfuhren aus diesem Anlass ihre Wiederverwertung. Aber während sich für unseren Autoschrott sogar Chinesen und Afrikaner erwärmen können, bleiben wir auf den deutschen Jubiläen sitzen: Egal, ob sechzig Jahre Bundesrepublik, zwanzig Jahre Mauerfall oder zweitausend Jahre Schlacht im Teutoburger Wald, außerhalb Deutschlands interessiert das kaum jemanden. Und das freut wiederum die hier ansässigen Historiker und Historiendramendreher, denn so durften und dürfen sie diese Altlasten ganz allein ausschlachten. Dagegen ist auch nichts zu sagen, schließlich bezeugen Umfragen alle naselang, wie erschreckend wenig der gemeine Bundesbürger über die Geschichte seines Vaterlandes weiß. «1903», «1945» oder «1960» antworteten beispielsweise Jugendliche auf die Frage eines RBB-Radioreporters, wann denn die Mauer gefallen ist.

Natürlich könnte man einwenden, dass 1989 für so einen Vierzehn- oder Sechzehnjährigen relativ weit weg ist. Ungefähr so weit jedenfalls, wie der Zweite Weltkrieg vom Jahr 1965 aus betrachtet. Und wenn wir ehrlich sind, 1965 und 1945 haben ja auf den ersten Blick auch herzlich wenig miteinander zu tun. Jedenfalls für all jene, die keinen Granatsplitter aus Stalingrad mit sich herumtrugen; für die Nach- oder Spätgeborenen, um an dieser Stelle einmal eine hübsche Formulierung unseres Altkanzlers Dr. Kohl zu reanimieren. Insofern ist es auch verständlich, dass die Geschichtsaufarbeitung und damit auch die Gedenkarbeit im Fernsehen neue Wege gehen müssen, um die Aufmerksamkeit eines zunehmend unbetroffeneren Publikums zu gewinnen. Das «fiktionale Element» nimmt zu, wie es in Expertenkreisen heißt, was nichts anderes meint, als dass hier und da die Geschichte neu erfunden werden muss. Für uns Ältere ist das natürlich eine bizarre Situation, denn die solchermaßen verfremdeten Ereignisse haben sich natürlich in den Köpfen der damals Zwanzig-, Dreißig- oder Vierzigjährigen ganz anders eingebrannt. Menschen meines biblischen Alters geht es also vor dem Fernseher ungefähr so wie einem alten Apachen, der in einem Fünfziger-Jahre-Hollywoodwestern sitzt: Spätestens nachdem die fiese Rothaut auf der Leinwand den dritten Skalp vom Schädel eines harmlosen Farmers geerntet hat, ist ihm klar, dass er die Deutungshoheit über sein Leben verloren hat. Geschichte wird nun einmal von denen gemacht, die sie schreiben! Und «schreiben» ist hier wörtlich gemeint, sei es nun in einem ZDF-Drehbuch oder auf den Feuilletonseiten der FAZ.

Sicher, man kann in tollkühner Partisanenarbeit versuchen, dem Schwachsinn zu trotzen – hyperventilierend hysterische Leserbriefe schreiben, mit Selbstverbrennung drohen; Veronica Ferres mit Eiern und Guido Knopp mit Farbbeuteln bewerfen – aber viel helfen wird das alles nicht. Wahre Aufklärung ist Kärrnerarbeit. Gegen Bilder kann man nur mit Bildern kämpfen.

Wenn Sie jetzt als junger Mensch glauben, das Ganze ginge Sie nichts an, weil es Ihnen schnurzegal ist, ob man Wiedervereinigung mit langem oder kurzem «i» schreibt und ob die Mauer 1912 oder 1992 gefallen ist, dann lassen Sie sich jetzt nicht verunsichern und blättern einfach bis zum nächsten Kapitel weiter. Für alle anderen Leser wird jetzt die Zeit zurückgespult, wird 1989 ganz unfiktional aus dem Orkus der Geschichte zurückgeholt.

An dieser Stelle muss ich noch einmal auf Veronica Ferres zurückkommen, wobei das auch nicht ganz ungefährlich ist. «Alle, die mit Neid oder unsachlicher Kritik über mich urteilen», hat die Ungute nämlich kürzlich gesagt, «bestärken mich nur, meinen Weg zu gehen.» Eine Drohung, die man wohl ernst nehmen muss. Aber sei es drum, wir lassen uns hier nicht einschüchtern. Frau Ferres jedenfalls war vor einiger Zeit in einer dieser teuren ARD-Historienschmonzetten zu sehen; «Die Frau vom Checkpoint Charlie» hieß der Zweiteiler, den immerhin über neun Millionen Deutsche über sich ergehen ließen. Ich kann so etwas ja nur mit einer Sonnenbrille sehen, Lichtdurchlässigkeit drei Prozent, quasi gletschertauglich. Jedenfalls wurde hier die ganze Kalte-Krieg-Chose auf einen Sorgerechtsstreit reduziert. Im Grunde hätte der Film auch in Schwaben spielen können; er sitzt in

Nürtingen, und sie ist heimlich über Nacht nach Stuttgart
abgehauen und will nun die Kinder wiederhaben. Natürlich
hätte Veronica Ferres da kaum mitgespielt, höchstens wenn
er ein stattlicher Massai gewesen wäre und sie nicht von
Nürtingen nach Stuttgart, sondern von Kenia nach Kapstadt
hätte fliehen dürfen. Also Afrika und Osten, klar, das geht
immer, aber Baden-Württemberg und dann noch ohne Mauer
– dafür öffnet doch kein deutscher Sender die Schatulle und
Frau Ferres nicht ihren Terminkalender.

AM OSTDEUTSCHEN TRESEN
KANN DIE WELT GENESEN

Aber zurück zu den Gegenbildern und zurück ins unver-
fälschte Jahr 1989. Und hier muss man das deutsche Fernsehen ausnahmsweise doch loben, auch wenn es nur der
längst wieder abgewickelte Intellektuellensender XXP ist.
Der hat nämlich zu einem früheren Mauerfalljubiläum zehn
Stunden lang ungeschnittenes «Spiegel-TV»-Kameramaterial
aus dem November 1989 gesendet. Zeug, von dem hier und
da mal ein Schnipsel bei dieser oder jener Reportage auf-
getaucht, aber in voller Gänze natürlich noch nie gelaufen
ist. Vielleicht aus einer finanziellen Notsituation heraus,
vielleicht in einem Anflug von Anarchie hat man also die
alten Kamerakassetten genommen und unkommentiert gesendet.
Dazu muss man vielleicht erwähnen, dass der «Spiegel» 1988
eine eigene Fernsehabteilung gegründet hat. Hut ab, die
hatten schon den richtigen Riecher – denn kaum, dass der
Laden stand, wackelte die Mauer. Und da hat man natürlich

sofort alles, was in Hamburg eine Kamera halten konnte, in den Osten geschickt: «Filmt, was ihr seht.» – «Ja, und was sollen wir filmen?» – «Ist egal. Ist jetzt alles Geschichte, kommt so nie wieder, und dann noch in Farbe! Also Klappe halten und Abmarsch!»

Da schwingt natürlich das alte «Spiegel»-Trauma mit, der Ärger darüber, dass es das Nachrichtenmagazin beim Ausbruch des Zweiten Weltkrieges noch nicht gegeben hat und man sich deshalb auch nicht die Filmrechte an dem großen Gemetzel sichern konnte. Bei der RAF sah das schon anders aus, da saß man ja praktisch mit am Küchentisch und konnte zugucken, wie Baader & Meinhof ihre Pistolen ölten.

Diesmal aber sollte die ganze Geschichte von Anbeginn eingefangen werden, weshalb man auch nicht mit Aufnahmetechnik und Leerkassetten geizte, als es hinter der Mauer zu brodeln begann.

Ganz wichtig war für die «Spiegel»-Leute: Farbe! Auch das eine Spätfolge der Stalingradschlappe. Denn nachdem man sich in Hamburg eingestehen musste, dass man das ganze Dritte Reich quasi pränatal verpennt hatte, wollte man durch einen windigen Trick die Deutungshoheit über dieses hochprofitable Stück Geschichte gewinnen. Nazis in Schwarzweiß kann jeder! Also wurden kurzerhand alle nur greifbaren Amateurfarbaufnahmen aus der Ära aufgekauft und unter dem «Spiegel-TV»-Logo als total neue Sicht auf die NS-Zeit vermarktet. «Das Dritte Reich in Farbe», «Der Krieg in Farbe», «Hitler in Farbe» und so weiter.

Wollen wir uns nichts vormachen, natürlich verändert sich die Geschichtswahrnehmung: Man muss plötzlich nicht mehr alles schwarzweiß sehen, schau an, das Dritte Reich war ja eigentlich eine total bunte Angelegenheit, und so braun war doch der Hitler nicht, schau nur, wie schön blau die Augen leuchten!

Da hat der «Spiegel» wirklich Pionierarbeit geleistet; ohne die Kollegen würde der Führer in meinem Kopf immer noch grob gerastert und grau in grau herumstiefeln. Aber wenn ich ehrlich bin, und das ist die andere Seite der Medaille, so bunt kann man ihn auch nicht richtig ernst nehmen. Das sieht geradezu gestellt aus und erinnert an Bruno Ganz und seinen «Untergang». Oder an Helge Schneider, was die Sache auch nicht unbedingt seriöser macht. Sicher, Helge Schneider ist netter als Hitler. Aber Hitler mit so einer Helge-Schneider-Nettigkeit ist ja historisch auch nicht so ganz korrekt. Kurzum, sollte man sich merken: Hitler ist schwarzweiß! Den ersten großen Gegen-Hitler, Charlie Chaplin, gibt es ja auch nicht in Bunt! Alles andere ist eine Erfindung vom «Spiegel» oder eine anderweitige Fälschung – da kann man sich auch gleich selber zwei Zentimeter Gaffa-Band unter die Nase kleben, ins Badezimmer wackeln und dem Führer beim Zähneputzen zuschauen!

Egal, zurück ins Jahr 1989 und zu den «Spiegel»-Filmern, die nun vornehmlich in Ostberlin ausschwärmten und darauf warteten, dass sich ihnen der Mantel der Geschichte lüftet und intimste Einblicke gewährt. Ein Team war ganz pfiffig, die haben sich einfach im Prenzlauer Berg in eine Kneipe gestellt, die Kamera angeknipst, Bier getrunken und darauf gewartet, dass was passiert. Hut ab! Eine höchst sympathische Form von Investigativität.

Und das sieht dann wirklich gut aus und ist in gewisser Weise viel näher an der Wirklichkeit dran als jede noch so kunstvoll zusammengepuzzelte und mit Zeitzeugeninterviews gespickte Mauerfalldokumentation, in der korpulente Prä-Ex-Ostler versuchen, Sorgenfalten und Hungermienen in ihr Gesicht zu zaubern.

Ein anderes Zeugnis der Geschichte ist da bekannter: Wir schreiben den 9. 11. 1989, und im Gebäude des ZK der SED am Werderschen Markt in Berlin-Mitte gibt Günter Schabowski eine Pressekonferenz, auf der er um 18.53 Uhr die neue Reiseregelung des DDR-Ministerrats bekannt gibt, nach der die bisherigen Einschränkungen bei Reisen aus der DDR wegfallen sollen. Damit sind Urlaubs- und Besuchsreisen in die Bundesrepublik und Westberlin quasi für jedermann möglich. Und auf die Nachfrage eines Journalisten, ab wann diese Regelung in Kraft treten soll, schaut Schabowski auf seinen Spickzettel und sagt: «Ab sofort, unverzüglich!» Das kennen wir, haben wir alle schon gesehen. Auch die Bilder vom Grenzübergang Bornholmer Brücke sind bekannt, wo am selben Tag um 23.30 Uhr schließlich der erste Schlagbaum hochgeht und damit das erste Loch in die Mauer reißt. Das sind sozusagen die «Ikonen» der Wende, die permanent wiedergekäuten Kultbilder der «friedlichen Revolution». Als vor einiger Zeit in Berlin eine neue Einkaufspassage eröffnete, wurde man das Gefühl nicht los, dass sich hier die Geschichte als Farce wiederholt: Die sich in den Gesichtern der ins «Alexa» drängenden Schnäppchenjäger manifestierende Heilserwartung war nicht weit von jener drückenden Euphorie entfernt, die auf der Bornholmer Brücke die Grenzöffnung erzwang. Was uns wieder einmal lehrt, dass die Palette der menschlichen Gefühlsregungen und ihrer physiognomischen Darstellung doch recht schmal gehalten ist und man zwischen Weltgeschichte und Schnäppchen, zwischen dem Untergang des Römischen Reiches und «70 Prozent auf alle randgenähten italienischen Schuhe – nur heute!» emotional kaum zu unterscheiden vermag.

Also vergessen wir die Bilder, die im Schatten der sich öffnenden Schlagbäume entstanden sind; so was sieht man mit ein bisschen Glück bei jedem ordentlichen Winterschlussverkauf. Anders jene Aufnahmen, die in obengenannter Ostberliner Kneipe genau zwischen Schabowski-Pressekonferenz und Schlagbaumöffnung entstanden sind. Erstaunliche Bilder, das wahre Antlitz einer extrem friedlichen Revolution! Nette Ostberliner Kneipengäste gehen diese spektakuläre Epochenwende ganz gelassen an. Sie sitzen da, trinken ihr Bier, und die Mauer ist praktisch auf. Dabei sind sie so entspannt und lässig, dass sich schließlich das «Spiegel»-Team befleißigt fühlt, etwas Öl ins Feuer zu gießen und die Stimmung durch investigative Fragen anzuheizen. Es gibt da nur ein Problem: Wir sind im Osten, und wir sind im Jahr 1989; der gemeine DDR-Bürger – der notorische Kneipenbesucher zumal – ist mit einer solch forschen Interviewpraxis ebenso wenig vertraut wie mit der Dauerpräsenz einer Fernsehkamera. Insofern stoßen alle Versuche, der Szene historische Dramatik zu verleihen, ins Leere. Der Lärmpegel in diesem Ein-Glas-Bier-Geschäft ist relativ hoch, und so werden die Fragen weitestgehend ignoriert – der heutige Fernsehkonsument kennt das von Befragungen auf der Fußballfanmeile. Statt also brav auf die «Spiegel-TV»-Fragen einzugehen, beginnen die Kneipengäste erst einmal mit einer kollektiven Grußorgie: «Wir möchten die und die grüßen und auch den und den und alle, die mich kennen!» Privat geht also auch hier vor Katastrophe, der gesunde Zonenegoismus obsiegt. Dann aber gelingt es dem Reporter doch noch, eine dem Anlass adäquate Frage an den Mann zu bringen: *Wenn Sie jetzt in den Westen gehen können, bleiben Sie drüben, oder kommen Sie zurück?* Was soll man darauf antworten, wer will sich da schon festlegen, und dann noch an so einem Tag?

Schließlich rafft sich einer der Zecher auf und rückt ganz nah ans Mikrophon des Reporters, um seine Überlegungen kundzutun: *Och*, sagt er, *weiß nicht so genau.* Wie der große Dichter Karl Mickel schon sagte: «Die wirklich Weisen, wenn die was sagen, dann sagen sie: ‹Na ja!›» Damit ist im Prinzip

Niemand hat die Absicht, kein Bier zu trinken!

also schon alles gesagt, aber da er sich schon ein halbes Dutzend Bierchen und den einen oder anderen Braunen genehmigt hat, ist der gute Mann in Plauderlaune. Und so erfährt man, dass er viel Verwandtschaft im Westen hat und «vielleicht» und «na ja». Und während er sich so in Schwung redet, denkt man, mag ja alles stimmen, ob aber die viele Verwandtschaft wirklich auf den Mauerfall gehofft hat, um ihren Bier trinkenden Großcousin auf Dauer an ihre Brust zu drücken – «na ja», will man da Mickel zitieren ...

Also, man ahnt schon den kommenden Clash of Culture, of Civilisation and of Verwandtschaft. Zum Glück fährt dann aber eine andere Trinkgenossin dazwischen und stellt klar, dass sie *sowieso wiederkommen würde*. Das Ganze wogt dann unentschlossen ein Weilchen hin und her, während aus dem Kneipenradio der RIAS tönt und eine Nachrichtensprecherstimme die ganze Geschichte weltpolitisch einordnet. Davon hört man zwar auch nur Bruchstücke, aber die genügen, um das Surreale der Szenerie zu unterstreichen: *Der erste revolutionäre Prozess in der DDR*, raunt die Stimme, und ein wenig später wird nach London weitergeschaltet, wo ein Korrespondent erklärt: *Die Briten haben Angst vor einem vereinigten Deutschland, vor einem Machtzentrum im Herzen Europas.*

Wenn man dazu die Leute in der Kneipe sieht, kann man die Sorgen der Briten kaum verstehen – zumal der Ärmelkanal England und den Kontinent trennt und der Zapfhahn wohl

auch weiterhin friedenstiftendes Nass spenden wird. Mit dem historischen Abstand von gut zwei Jahrzehnten sieht das natürlich schon ganz anders aus: Heute ist diese einst so idyllische Ostberliner Kneipe sicher längst teuer saniert, für Raucher gesperrt und wird vermutlich mehrmals in der Woche von Horden britischer Komatrinker heimgesucht. Also wenn, dann hätten eher die armen Menschen, die hier am 9. 11. 1989 ihr Bierchen schlürfen, Angst haben und vor einer Zukunft zittern müssen, die für sie nur sehr eingeschränkt rosig ausschaut. Denn es sind nicht unbedingt die kapitalismuskompatibelsten Gestalten, die hier versammelt sind.
Es rührt einen schon, wenn man sieht, wie Nikotin und Alkohol hier noch ganz ohne Argwohn als Kulturgut hochgehalten werden, wie man mit ruhiger Gelassenheit den «Wind of Change» an sich vorbeipfeifen lässt. Und wenn ich ehrlich bin, ist das durchaus auch mein Ideal einer schönen, wo nicht freude-, so doch trunkenen friedlichen Revolution.

SANG- UND KNALLLOS ABGEWICKELT

Es ist ja nicht so, dass sich die DDR keine laute Revolution hätte leisten können. Auch wenn die DDR-Wirtschaft auf dem Zahnfleisch kroch, für einen ordentlichen Knaller hatte sie allemal noch das Potential – schließlich gab es den VEB Pyrotechnik Silbermühle.
Dieser Betrieb war der volkseigene Monopolist für Feuerwerkskörper. Über zweihundert Jahre lang wurden dort Bomben und Böller hergestellt: Die letzten vierzig Jahre waren das vor allem Silvesterknaller für den DDR-internen Gebrauch. Und dieser Aufgabe hat man sich ganz pragmatisch gestellt. Welche Eigenschaften muss ein guter Knaller

besitzen? Er sollte natürlich möglichst laut knallen. Und das haben die Feuerwerkskörper des VEB Pyrotechnik Silbermühle auch gemacht; hin und wieder gab es Blindgänger, ab und an Fehlzünder, die eine oder andere Verbrennung, den einen oder anderen lädierten Finger sicher auch, aber das Plansoll wurde erfüllt.

Der VEB Pyrotechnik Silbermühle war einer der wenigen Betriebe, dessen Jahresproduktion sich binnen weniger Stunden unter lautem Knall in Rauch auflöste. Kurzum, das Werk hatte die besten Voraussetzungen, den anstehenden Systemwechsel unbeschadet zu überstehen. Aber da haben die DDR-Pyrotechniker die Rechnung ohne den TÜV gemacht. Noch bevor der Osten offiziell den Status des Beitrittsgebietes erlangte, also Teil der Bundesrepublik wurde und sich den dort gültigen Gesetzen und Verordnungen beugen durfte, bekommen die Verantwortlichen im VEB Silbermühle Post: Während bei ihnen die Produktion für das Silvesterfest 1990/91 auf Hochtouren läuft, wird den Pyrotechnikern mitgeteilt, dass ihr bestes Stück, der DDR-Verkaufsschlager «Power-Cracker», leider nicht die bundesrepublikanische Knallkörpernorm erfüllt und mithin nicht im wiedervereinigten Deutschland gezündet werden darf. Er ist zu laut! Mehr als 105 Dezibel lässt der Gesetzgeber im Westen bei Feuerwerkskörpern nicht zu. Und wenn sich der VEB Silbermühle daran nicht hält, kommen seine Produkte auf den Index, werden verboten.

Lauter, als der Westen erlaubt

Vierzig lange Jahre hat der Betrieb die Bedürfnisse der DDR-Bürger befriedigt, ohne dass es Klagen gab. Niemand, wirklich niemand – das können die Birthler-Behörde, die Bundeszentrale für politische Bildung oder der Forschungsverbund SED-Staat an der Freien Universität Berlin bestätigen – hat sich wegen zu lauter Silvesterknaller vom System abgewandt. Die Leute sind ausgereist, weil es keinen Ketchup oder keine Freiheit, kein weiches Toilettenpapier oder keinen Nicht-Unrechtsstaat gab. Aber «die kommunistischen Power-Cracker sind so laut, ich halt es nicht mehr aus, ich geh in den Westen!» wird niemandes Anlass gewesen sein, sich vom Arbeiter- und Bauernstaat abzuwenden.

Eher liegt die Vermutung nahe – und damit sind wir wieder bei unserem Ausgangspunkt –, dass der Systemwechsel im Osten so friedlich verlief, weil es solche Höllenböller wie den Power-Cracker überhaupt gab. Zunächst einmal ging es hier ja eher leise zu: Während in der Bundesrepublik eine Bombe nach der anderen gezündet wurde, um das System zu läutern, stellten die Menschen in der DDR Kerzen auf den Asphalt und sangen Lieder wie «Das weiche Wasser bricht den Stein»! Die schärfste aller Drohungen galt dem Westen: «Kommt die D-Mark, bleiben wir – kommt sie nicht, gehen wir zu ihr!» Das machte Eindruck in Bonn, lieber 1200 Milliarden Mark in den Osten schicken als 16 Millionen Ostler im Westen haben! Und während die Rote-Armee-Fraktion oder die Wehrsportgruppe Hoffmann einen Haufen Lärm emittierte, ohne die satte Bundesrepublik auch nur einen Millimeter nach links oder rechts gerückt zu bekommen, genügten in der DDR ein paar laue Sprechchöre, und schon war es mit der finsteren Diktatur vorbei. Womit klar bewiesen wäre, dass revolutionäre Energie sich nicht unbedingt krachend offenbart. Oder vielleicht nur dort, wo Silvesterknaller nur mit lächerlichen 105 Dezibel explodieren dürfen. Keine

Ahnung, was passiert wäre, hätten die Damen und Herren von der RAF in ihrer Jugendzeit das Glück gehabt, sich zu Silvester am lauten Knall des Power-Crackers zu delektieren. Auf jeden Fall aber hat die ungebremste Silvesterknallerei im Osten dazu geführt, dass sich niemand jenseits des Jahreswechsels befleißigt fühlte, Bomben detonieren zu lassen. Psycho-zoologisch betrachtet, sorgte der VEB Silbermühle über vier Jahrzehnte dafür, dass das natürlich auch im DDR-Menschen schlummernde Bestialitätspotential im Rahmen der Silvesterfeierlichkeiten abgeschöpft wurde.

Doch diese vorbildliche Domestizierungsleistung wird vom Westen nun erst einmal ebenso in Frage gestellt wie Poliklinik und Kinderkrippe.

Verständlich, dass die Mitarbeiter des VEB Silbermühle auf die Barrikaden gehen, na ja, Unmut äußern, als sie im Sommer 1990 die Nachricht vom absehbaren Ende ihrer Power-Cracker-Produktion ereilt. Dummerweise haben sie sich ein Kamerateam von «Spiegel-TV» ins Werk geholt, um ihr Missfallen an die Öffentlichkeit zu tragen. Denn das Drama der DDR-Pyrotechniker amüsiert die Fernsehjournalisten aus Hamburg eher, als dass es sie empört. Sie geben zwar dem Direktor des VEB Silbermühle und seiner Chefentwicklerin die Gelegenheit, ihr Problem zu schildern, rahmen aber das Ganze mit der für den «Spiegel» typischen Häme und Süffisanz.

Das fängt schon damit an, dass sie einen Brief fett unter die Kamera legen, nur weil sie darin das Wort «Plaste» erspähen. Prompt fällt im Off-Kommentar die vermeintlich lustige Formulierung «Plaste und Elaste», und man spürt förmlich, wie sich dabei der Sprecher amüsiert auf die Schenkel schlägt. Für Spätgeborene muss man hierzu anmerken, dass auf der Transitstrecke von München nach Berlin an der Elbbrücke bei Coswig zu DDR-Zeiten ein Reklameschild des Chemiekombinats Buna hing, das in zehn Meter hohen leuchtenden Lettern für «Plaste und Elaste aus Schkopau» warb. Und für viele Westdeutsche blieben dieses surreale Schild und der Grenzpolizist, der in ihren Käferkofferraum schaute, bis zum Mauerfall die einzige, aber prägende und kompetenzsuggerierende DDR-Erfahrung. Insofern wirkt auf Altbundesbürger der Begriff «Plaste» noch heute wie dereinst die Glocke beim Pawlow'schen Hund: Speichelfluss setzt ein, Häme wird ausgeküübelt. Es gab wenig bundesdeutsche Sorgen, was die Entwicklung des Ostens betrifft – eine Sorge gab es: Das «Plaste und Elaste»-Schild muss gerettet werden! Ein halbes Jahr nach der Vereinigung war es dann im Deutschen Historischen Museum zu bewundern (Inventarnummer: 1991/627), denn es war nicht alles schlecht im Osten. Dabei bezieht sich das «Plaste» aus dem VEB Pyrotechnik Silbermühle nur auf die für den Betrieb zuständige Regierungsinstitution; deren vollständiger Name lautet: Hauptabteilung des Amtes des Ministerratsamtes für Standardisierung und Messwesen, Hauptfachabteilung Chemie, Fachabteilung Plaste. Genau dort hat man im vorauseilenden Gehorsam jenes Schreiben verfasst, welches den Pyrotechnikern mitteilt, dass es nun vorbei sei mit der unbekümmerten Ostknallerei. Die DDR-Ministerialbeamten hoffen offensichtlich, sich mit solchen Lakaiendiensten eine Zukunft im bundesdeutschen Verwaltungsapparat erschleimen zu können.

Auszubaden hat das Ganze Günter Staroske. Er ist der Direktor des VEB Pyrotechnik Silbermühle und besticht zunächst einmal durch seine Sehhilfe. Ganz augenscheinlich war er in seiner Jugend in der Entwicklungsabteilung des Betriebes beschäftigt und hat dort ohne Rücksicht auf die eigene körperliche Unversehrtheit die Knaller der volkseigenen Produktion getestet. Auch wenn man es heute kaum glauben mag, aber selbst in der DDR galten Brillen lange Zeit als uncool; und so ist verständlich, dass Günter Staroske als junger Lehrling alle warnenden Worte seiner Eltern und Meister in den Wind schlug und ohne Augenschutz die krachenden Neuentwicklungen des VEB Silbermühle testete. Es kam, wie es kommen musste, Staroskes Widerwille gegen die Schutzbrillenbenutzung bescherte ihm offenkundig eine Augenverletzung, die ihn fortan zum ständigen Tragen einer Sehhilfe zwang. So etwas prägt den Menschen; wer im Dienste

des DDR-Knallers fast sein Augenlicht verlor, lässt sich nicht gern durch halbseidene Lärmschutzbestimmungen in den Vorruhestand oder die Arbeitslosigkeit drängen. Und so blickt Staroske durch seine dicken Brillengläser gänzlich uneinsichtig, als er sein

Knall-Experte mit Anspruch

Unverständnis über die bedrohlichen Zukunftsaussichten des VEB Silbermühle artikuliert: *Bei uns war also bisher die Forderung, immer nach Möglichkeit so laut wie möglich, und es konnte nicht laut genug sein. Wir waren also ganz stolz, dass man mit dem Power-Cracker jegliche Schallgrenzen durchbrochen hatte. Wir erreichen mit dem Power-Cracker 120 bis 130 Dezibel.*

Die «Spiegel-TV»-Reporter heucheln kurz Mitgefühl, um dann heimtückisch zu einem endgültigen Tritt in den Unterleib der DDR-Pyrotechniker auszuholen: *So entscheiden lumpige 15 Dezibel über das Schicksal eines deutschen Traditionsunternehmens, das in Krieg und Frieden seinen Beitrag zur Geschichte geleistet hat. Immer orientiert am Wunsch des Kunden.*

Das kennt man ja vom «Spiegel», die bohren so lange, bis sie sogar noch am Tennisarm von Boris Becker ein SS-Blutgruppentattoo entdecken. Beim VEB Silbermühle genügt ein Blick in die Betriebschronik, und schon wird man fündig; der Betrieb war schließlich nicht immer VEB. In der Nazizeit wurde hier fleißig für die Wehrmacht produziert, wie uns die Journalisten aus Hamburg mitteilen: *Fallschirmleuchtbomben LC 50 53 658 Stück, Rauchspurpatronen 24 000 Stück, Zündpatronen für Torpedo 356 860 Stück, Schwarzpulvertabletten 292 Millionen ...*

Was sie uns damit sagen wollen, liegt auf der Hand: Der VEB Silbermühle ist historisch schwer belastet, quasi ein Fanal des weltkriegenden, nationalsozialistisch-ostdeutschen Silvester-Bösen, seine Abwicklung wäre ein Akt politischer Hygiene!

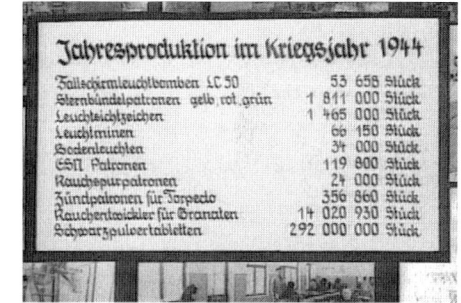

Jahresproduktion im Kriegsjahr 1944	
Fallschirmleuchtbomben LC 50	53 658 Stück
Sternbündelpatronen gelb, rot, grün	1 811 000 Stück
Leuchtsichtzeichen	1 465 000 Stück
Leuchtminen	66 150 Stück
Bodenleuchten	34 000 Stück
CSM Patronen	119 800 Stück
Rauchspurpatronen	24 000 Stück
Zündpatronen für Torpedo	356 860 Stück
Rauchentwickler für Granaten	14 020 930 Stück
Schwarzpulvertabletten	292 000 000 Stück

Eine zwiespältige Bilanz

Aber wenn man genau hinschaut, erkennt man, auf welch tönernen Füßen solch politisch vermeintlich korrekte Aburteilungen stehen. Nehmen wir nur einmal die ominösen Schwarzpulvertabletten. Der «Spiegel» selbst hat im Juli 1970 die Protokolle der Verhöre abgedruckt, die die Gestapo mit dem Hitler-Attentäter Georg Elser führte. Der schwäbische Schreiner sprengte am 8. 11. 1939 den Münchner Bürgerbräukeller so gut wie in die Luft, hatte aber das Pech, dass Hitler elf Minuten vor der Detonation den Raum bereits verlassen hatte. Und was hat Elser als Sprengmaterial benutzt? Mehrere Päckchen Schwarzpulvertabletten, wie er im Verhör zugab. Um ein Haar also hätte der Vorgängerbetrieb des VEB

Silbermühle mit seiner um Qualitätsproduktion bemühten Brigade «Rosa Luxemburg» und der scheinbar so verwerflichen Schwarzpulvertablettenproduktion dafür gesorgt, dass Hitler eliminiert worden wäre, und dies, bevor das große Morden in seinem Namen überhaupt richtig anlief.

Doch zurück zum Power-Cracker, zur DDR-Pyrotechnik und zu Günter Staroske: Es bleibt ein wenig rätselhaft, warum man im Traditionskabinett des Betriebes nahtlos von der Kriegsproduktion des Zweiten Weltkriegs in die DDR-

Brigade „Rosa Luxemburg."

Typographischer Opportunismus

Power-Cracker-Fertigung und die Brigade «Rosa Luxemburg» übergeht. Wobei sich «nahtlos» vor allem auf die antiquierte Schrift bezieht, die man von Schildern wie «Swing tanzen verboten!» oder «Der Feind hört mit!» kennt. Die Kontinuität, die hier typographisch behauptet wird, kommt den «Spiegel»-Reportern natürlich zupass: *Zweihundert Jahre alt ist sie geworden, die Böller- und Bombenfabrik. Überlebt hat sie zwei Weltkriege und vierzig sozialistische Silvester.* Arme Böllerfabrik! Vierzig sozialistische Silvester!

Aber vielleicht ist Günter Staroske auch nur clever und hat sich gedacht: Wenn es mit dem Power-Cracker im Westen nicht klappt, Sprengstoff wird in jedem System gebraucht! Bundeswehr, BND und BKA sind potentielle Großabnehmer, und wenn wir hier vor laufender Kamera beweisen, dass wir ein zeitlos zuverlässiger Betrieb sind, genehmigen sie uns vielleicht nicht die Knaller-Produktion, aber dafür die Wiederaufnahme der Schwarzpulvertablettenfertigung.

KÖNNEN
KANN JEDER –
NICHTKÖNNEN KÖNNEN
IST KUNST

am ende

nun soll von einem Fernsehausschnitt die Rede sein, der sich durch höchste Deutungsoffenheit auszeichnet; ein Ausschnitt, den man als den Nabel, den Quell, den Ursprung allen Fernsehens bezeichnen könnte, der an philosophischer Tiefe und an umfassender Welthaltigkeit nicht zu übertreffen ist. Man kann in ihm nicht nur alles finden, nein, mehr noch: Alles, die Welt, Gott, das Universum, kann eigentlich als Spezialfall, als abgeleitetes Phänomen dieses Ausschnittes angesehen werden!

Welchen einzigen Fernseh-Clip würde man auf eine einsame Insel mitnehmen? Meine Wahl fiele auf den singenden Joseph Beuys. Ein erster befremdeter Einwand kunsthistorisch versierter Leser könnte nun lauten, dass Joseph Beuys ja eigentlich kein Sänger im engeren Sinne sei. Richtig! Gemeinhin ist Beuys der Tendenz nach ja eher das, was man einen bildenden Künstler nennt. Und als solcher genießt er meine höchste Achtung. Insbesondere durch das, was man sein ästhetisches Programm, seine künstlerische Philosophie nennen könnte, die ich hier – kurz gefasst und ins Berlinische übersetzt – in der Formulierung «aus Scheiße Trillerpfeifen machen» zusammenfassen möchte. Kein divenhaftes «Unter diesen Bedingungen kann ich nicht arbeiten!», das von vielen ja als eigentlicher Ausweis künstlerischen Selbstverständnisses allzu häufig zu vernehmen ist. Nein, Beuys ist anders: In seiner Düsseldorfer Akademie bekommt er Staatsbesuch, von heut auf morgen ist ein Kunstwerk zu gestalten; es fehlt an allem, außer einer Atelierecke und fünf Kilogramm Butter – und schon ist eines seiner bekanntesten, leider recht kurzlebigen Kunstwerke entstanden – die Fettecke. Ein paar Jahre später entfernt ein Düsseldorfer Akademiehausmeister mit der künstlerischen Kompetenz des SPD-Ortsvereins Leverkusen-Alkenrath die inzwischen vermutlich ranzige Butter und zerstört so eines der großen Kunstwerke der zweiten Hälfte des 20. Jahrhunderts. Ein Beuys-Schüler klagt auf Schadenersatz und erhält vom Land NRW beachtliche 40 000 DM. Angesichts der Tatsache, dass die Butter in der Zwischenzeit nicht besser geworden sein dürfte, eine Wertsteigerung, die selbst den trickreichsten Bankmanagern glühende Versagensröte ins Gesicht treiben muss.

Aber Beuys ist auch unter anderen, gerade auch unter Fernseh-Gesichtspunkten eine interessante und außergewöhnliche Figur. Vierzig Jahre vor seinem hier näher zu betrachtenden Auftritt, an unvermutetem Ort, findet ein bemerkenswertes Treffen zweier späterer Fernsehfiguren statt: Beuys meldet sich nach seinem Abitur zur Luftwaffe, lernt Exerzieren und erhält eine Ausbildung als Bordfunker bei Heinz Sielmann, dem großen Tierfilmer des deutschen Fernsehens! Nach dem Krieg revanchiert er sich bei Sielmann als Kamerawagenschieber. Und so, wie Beuys sich bewegt, werden es wohl eher langsamere Tiere gewesen sein, die Sielmann in den frühen fünfziger Jahren in der Lüneburger Heide filmte. Beuys jedenfalls freut sich seines Tagwerks als frisch ausgebildeter Funker an Bord einer Stuka im Einsatz in Russland und über die klare Sicht. Eine Freude, die so unbeschwert nicht bleibt, ist die Sicht für die anderen doch ebenso klar – er wird auf der Krim abgeschossen und entwickelt aus diesem Abschuss eine nahezu sein ganzes Werk umspannende Materialphilosophie: Er behauptet, dass einheimische Tataren kamen, ihn wegen der Kälte mit *Fett* einrieben, in eine *Filzdecke* hüllten, auf einen *Schlitten* legten, vor den ein *Hirsch* gespannt war; *Blitze* zucken, am Horizont heulen *Kojoten*, man träufelt ihm *Honig* in den Mund, bei Einbruch der Dunkelheit wird eine *Glühbirne* in eine *Zitrone* geschraubt ... Vielleicht nicht ganz wahr, aber besser als nur wahr. Ein Mythos der Materialien, mit dem sich vierzig Jahre lang prima Kunst machen lässt.

DER MISSVERSTÄNDLICHE FORTSCHRITT DER KUNST

Nun erleben wir Beuys aber in dem folgenden, wie ich finde, dem Weltkulturerbe zuzurechnenden Ausschnitt, wie gesagt, nicht als im weiten Sinne bildenden Künstler – sondern singend. Ein möglicher fieser Fehlschluss soll aber von vornherein ausgeräumt werden: Es ist nicht so, dass Beuys als erfolgreicher, weltbekannter Künstler glaubte, jetzt auch noch unbedingt eine Platte machen zu müssen. Nein, das Spezifikum, die Leistung seines Gesanges besteht vielmehr in einer gewissen Unfreiwilligkeit und einem nicht zu übersehenden Unvermögen.

Wie aber konnte es überhaupt dazu kommen, dass Beuys singt?

Im Jahre 1984 nehmen die unter Beuys' Beteiligung frisch gegründeten Grünen am Europawahlkampf teil und ergreifen die Möglichkeit, im Fernsehen Wahlkampf zu machen. Erste Überlegungen, wie wohl ein angemessener, authentischer, ehrlicher, ganz, ganz anderer Wahlkampf-Spot aussehen könnte, endeten vermutlich in einem klassischen Fundi-Realo-Streit: Plädierten die Fundis für höchste Unverstelltheit, wiesen die Realos – zu Recht, muss man heute und nicht nur heute sagen – darauf hin, dass ein bärtiger, strickender Mann, der von der Kamera gelähmt und starren Blickes aus dem Grünen-Wahlkampf-Programm vorliest, nicht nur keine Wähler, sondern nicht einmal Zuschauer findet. Ein Einwand, den die Fundis zähneknirschend akzeptieren, um dann die Realos aufzufordern, einen besseren Vorschlag zu machen. Der kommt prompt – ein Song soll es sein. «Man muss die Menschen mitnehmen!», heißt es. – Eine klassische Politikerfloskel, und es war erst Funny van Dannen, der darauf hinwies, dass die Menschen eigentlich schon recht mitgenommen aussehen!

Die Menschen jedenfalls sollen mit Hilfe eines zündenden Liedes mitgenommen werden. Musik ist recht schnell gefunden – fehlt noch ein Text. Den zu schreiben, trauen sich die Grünen nicht zu, und so wird eine Werbeagentur beauftragt. Sechs Wochen später findet die grüne Begutachtung des Textes in der Agentur statt:

Die Werber kündigen an, eine sehr, wie sie finden, schlagkräftige Zeile gefunden zu haben; zunächst würden sie freilich einige erläuternde Bemerkungen zum Verständnis machen wollen. Das stößt bei den Grünen auf Ablehnung, im Verständnis seien sie eigentlich ganz gut. Milde frustriert reißen die Werber das verhüllende Blatt vom Flipchart und präsentieren die Kernzeile, den Refrain ihres Songvorschlages: *Wir wollen Sonne statt Regen!*

Nun bitten die Grünen schamhaft doch um die eine oder andere erläuternde Bemerkung. Die Werber – wieder obenauf – verweisen darauf, dass sie weder Kosten noch Mühen gescheut hätten und in einer repräsentativen, mehr als 2000 Probanden umfassenden Umfrage mit Hilfe eines Multiple-Choice-Fragebogens die Präferenzen des potentiellen Wählers erforscht hätten. Auf die Frage, ob sie denn Sonne oder Regen bevorzugen würden, hätten knappe 95 Prozent der Befragten sich für Sonne entschieden. 95 Prozent! Die Grünen sind beeindruckt, das sind ja fast DDR-Wahlergebnisse! Ein Restmisstrauen bleibt freilich – die verbleibenden fünf Prozent. Aber auch an die ist seitens der Agentur gedacht: Für die sonneverweigernden, besonders hellhäutigen oder pigmentgestörten potentiellen Wähler lautet die Zeile nämlich: *Wir wollen Sonne statt Reagan!* In dieser Catching Line verbirgt sich eben nicht nur das Wetterphänomen Regen, sondern auch der damalige US-amerikanische Präsident! Genial. Damit wären dann, eine zu vernachlässigende Zahl Unentschiedener beiseitegelassen, nahezu 100 Prozent erreicht – die Grünen brechen in Jubel aus.

Es bleibt die Frage, wer nun diesen Song singen solle. Hier weisen einige medienkritische Vertreter der Grünen Partei, die vermutlich noch am Frankfurter Institut für Sozialforschung studiert haben, darauf hin, dass im Fernsehen eigentlich nur jemand gezeigt werden kann und darf, den man bereits aus dem Fernsehen kennt. Das – Adorno hin, Horkheimer her – leuchtet auch den universitätsferneren Mitgrünen ein: Steht der Fernseher doch in aller Regel mitten im Zimmer; das heißt, dass, wenn man nachts, die eigene Wahrnehmung nicht mehr ganz unter Kontrolle habend, nach Hause kommt, den Fernseher anmacht und jemanden sieht, den man nicht kennt, natürlich die Frage naheliegt, wie der denn jetzt ins Zimmer gekommen ist. Eine Frage, der man in aller Regel aber nicht weiter nachgeht; man schaltet einfach um, bis eben wieder KernerRaabSilbereisenBeckmannMaischbergerJauchundKonsorten zu sehen sind. Die findet man zwar nicht unbedingt gut, kennt sie aber wenigstens.

Von den Grünen aber kennt man 1984 noch niemanden.

Die rettende Idee: Beuys – der hat die Grünen ja schließlich mitgegründet, der soll singen! Erneuter Streit: «Wenn wir ihn jetzt fragen, ob er nicht diesen Song singen kann, dann sagt der doch nein.» – «Nein, der sagt ja», erwidert die Gegenseite. «Nein, der sagt nein.» – «Nein, der sagt ja.» – «Nein, der sagt nein» ... Vorschlag eines besonders Besonnenen: Vielleicht sollte man ihn selbst fragen. – Erleichterung.

Ein paar Stunden später klingelt es bei Familie Beuys. Joseph an der Wechselsprechanlage: «Hallo, wer da?» – «Wir sind's, Joseph, die Grünen.» – «Wollt ihr hochkommen?» – «Ja, gerne!»

Oben entspannt, sich dann ein Gespräch: «Na, was macht ihr so?» – «Wahlkampf!» – «Hmm, interessant!» – «Und du so?!» – «Warten, dass die Butter ...» – «Tja, Joseph, wir hätten da mal eine Frage» («der sagt ja, der sagt nein, der sagt ja, der sagt nein ...»), «nämlich, wir haben da für die Wahl einen schönen Song, der ja auch gesungen werden muss, und wollten jetzt mal fragen» («der sagt ja, der sagt nein, der sagt ja, der sagt nein ...»), «kannst du nicht singen?!» («Der sagt ja, der sagt nein, der sagt ja, der sagt nein ...») Beuys antwortet nach kurzem Überlegen («der sagt ja, der sagt nein, der sagt ja, der sagt nein ...») mit – «Ja»!

Jubel, Trubel, Glück bei den Grünen: «Er hat ja gesagt, er hat ja gesagt!!!»

Das Kernproblem dieser kurzen, recht ausführlich geschilderten Szene: Ihr liegt, wie so oft in der Fortschrittsgeschichte der Kunst, ein Missverständnis zugrunde. Die Oper zum Beispiel war als Wiederbelebung des antiken Dramas gedacht, und die Bildhauer der Renaissance glaubten, eine an der Antike sich messende Skulptur müsse ohne Bemalung, ohne Farbe, auskommen und ganz aus dem Material leben, nur weil die ausgegrabenen Vorbilder ihre Farbe längst verloren hatten. Mit einem Missverständnis genau dieser Dimension haben wir es hier zu tun: Auf die Frage nämlich, ob er *nicht* singen könne, antwortet Beuys ehrlich, klar und direkt: «Ja!

– *nicht* singen kann ich wohl!» – und danach war ja schließlich gefragt! Und so gibt es eben diesen spektakulären, solitären Fernsehausschnitt, in dem Beuys genau das macht, was er gesagt hatte, nämlich nicht singen zu können.

Ein klarer Bildaufbau: In der Mitte Beuys und rechts von ihm ... ja, was eigentlich? Hier beginnen die Schwierigkeiten der Bildinterpretation, rechts von ihm, links vom Betrachter aus gesehen, eine Ansammlung jüngerer ... tja, Männer – sagen wir mal – Männer, Männer mit schweren Sachen in den Händen, Männer jenes Typs, dem man nicht im Dunkeln begegnen möchte. Und denen man, wenn man es recht bedenkt, auch im Hellen eigentlich nicht begegnen wollte. Die stehen recht funktionslos herum, und es bedarf jeder Menge guten Willens und des unbedingten, eisernen Ehrgeizes, diesem Anblick eine Bedeutung abzutrotzen, die über das hinausgeht, was unmittelbar zu sehen ist. So ist man versuchsweise geneigt, die sehr kühne These, viel eher *Hypo*these zu formulieren, dass es sich unter Umständen, wenn man es recht bedenkt, ohne dass man seine Hand dafür ins Feuer legen wollte, Garantien könne man keine übernehmen, aber einfach mal ins Unreine gesprochen, ohne dass man jetzt beim Wort genommen wird, um so etwas wie eine, nun ja ..., hmm, hmm ..., «sag ich jetzt einfach mal» ... «Band» (in Anführungszeichen!), eher «Bähähänd» (Augenzwinkern) handeln könne.

Möglicherweise. Vielleicht. Eventuell.

Etliche Blicke später kommt man nicht umhin festzustellen, dass es sich um BAP handelt. BAP, die «Bähähänd». Von den Frisuren her designed wie eine frühe Boygroup: kurze Haare, lange Haare, VoKuHiLa, mit Bart, ohne Bart, Dreitagebart, Schnäuzer – für jeden etwas dabei. Die erste Boys-Band eine Beuys-Band! Besonders auffällig die Gitarrist sein wollende Figur im Vordergrund, deren Art, ihr Instrument zu behandeln, den Verdacht nahelegt, dass es sich um alles Mögliche, aber einen Gitarristen im eigentlichen Sinne nicht direkt handeln kann. Eher um jemanden, der vielleicht Rohrleger war, sich mit der postindustriellen Tatsache konfrontiert sieht, dass alle Rohre bereits liegen, er mithin überflüssig geworden ist und sein Heil beim Arbeitsamt sucht, wo ihm eine Umschulung auf Rock-Gitarrist nahegelegt wird – unglücklicherweise von einem Arbeitsamtbeamten, dessen eigentliche Spezialität das Gitarrespielen nicht ist. Der weist ihn nun in die ihm unbekannte Kunst des Gitarrespielens ein; wie gesagt, er selbst ist mit dem von ihm Unterrichteten nicht so recht vertraut, er hat sich aber kundig gemacht, und so sehen wir einen Gitarristen, der das macht, was ihm von jemandem beigebracht wurde, der eine Tochter hat, die in der Musikszene zwar zu Hause ist, Gitarristen aber auch nicht kennt, dafür aber mit jemandem zusammen war, der einen Bekannten hat, dessen Cousin angeblich jemanden kennt, der schon mal auf einem Konzert gewesen sein soll, bei dem ein Gitarrist in der ersten Reihe stehend recht genau zu beobachten war. Ein Hörensagen-Stille-Post-Gitarrist also, der sich aber Mühe gibt. Viel Mühe. Denn nach den Rohren scheint ihm die Gitarre die letzte Gelegenheit, einer Karrierespirale zu entgehen, die nach unten, tief in Hartz-IV-Gefilde verweist. In Berlin gibt es eine Beschreibung des alten, schon reichlich zerknittert aussehenden Stefan George, die lautet: «George? Ist das nicht der alte Mann, der aussieht wie eine alte Frau, die aussieht wie ein alter Mann?» Genau dieser phänomenologischen Typologie ist auch unser «Gitarrist» zuzurechnen.

Links also die «Band», in der Mitte Beuys – damit haben die Grünen alles, was sie brauchen. Bliebe die rechte Bildhälfte leer. Das aber darf nicht sein, darauf weisen die Senderverantwortlichen hin: Liebe Grüne, eure rechte Bildhälfte ist leer, macht die mal bitte schön voll. Erbitterter Widerspruch bei den Grünen. Entschiedener Widerspruch bei den Fernsehmachern. Wütender Widerspruch bei den Grünen. Scharfer Widerspruch bei den Senderverantwortlichen. Schärferer Widerspruch bei den Grünen. Um eine Begründung für ihre Entscheidung, die rechte Bildhälfte leer zu lassen, gebeten, stottern die Grünen eine Weile herum, bis ihnen die rettende Idee kommt: Nachhaltiges Fernsehen! – «Wir haben das Fernsehen nur von unseren Enkeln ...», die Rede des Häuptlings Seattle («Erst wenn der letzte Baum gerodet ... dass man Geld nicht essen kann») wird etwas zusammenhanglos zitiert, um dann zum entscheidenden Argument zu finden – nämlich: Für einen Grünen-Wahlspot reicht es eigentlich, ein halbes Bild zu füllen, die verbliebene leere Bildhälfte soll der Dritten Welt zugeeignet werden – die hätten teilweise überhaupt kein Fernsehen, und natürlich müsse diese Bildhälfte leer bleiben, die sollen sich selbst ihre Bilder machen können, alles andere sei postkolonialistisch und eurozentristisch. Die Verantwortlichen zeigen sich zwar beeindruckt von so viel postpoststrukturalistischer Theorie, aber nicht sehr. Deutsches Fernsehen zeichnet sich dadurch aus, dass das Bild immer voll ist. Das hat seinen Grund darin, dass der Fernsehzuschauer sonst misstrauisch wird. Schließlich zahlt der ja nicht etwa Brüche, sondern ganzzahlige Fernsehgebühren; wenn der aber für ganze Fernsehgebühren nur halbe Bilder geliefert bekäme, würde er wütend und Machenschaften, Verschwendung, Sozialismus, Abzocke, weniger Brutto beim Netto oder Ähnliches vermuten. Das geht also nicht, das Bild muss gefüllt werden! «Aber womit nur?», fragen sich die Grünen. «Was machen wir hier?» – «Grün... Grün... Grünpflanzen!» – «Grünpflanzen, richtig!» Gute Idee, geht aber nicht. Der Grünpflanzenhandel ist 1984 noch ganz kapitalistisch organisiert, der Grünpflanzenhändler gibt seine Ware nur für Geld her («Nur ungern nimmt der Handelsmann statt baren Geldes Scheiße an»), der Wahlkampf-Etat ist aber bereits ausgereizt. «Kunstblumen?!» – «Kosten auch!» – «Grün... Grün...» – «Was machen wir bloß?!» Die mittlerweile dritte oder vierte rettende Idee: «Frauen!» Frauen – ein grünes Kernthema. Sind auch Menschen! Gleichberechtigung, Quote, Rotation und Rock 'n' Roll, Nigger of the World! Da, wo keine Grünpflanzen das Bild nicht füllen, könnte man ja auch

einfach Frauen hinstellen. Fällt nicht weiter auf und ist politisch korrekt, ja sogar irgendwie programmatisch und kostet nichts. Schlussendlich sieht man also drei Frauen auf der rechten Seite das Bild mehr oder weniger füllen und eigentlich nichts weiter tun, als was Frauen in eben männerdominierter Politik und Rockmusik immer machen, nämlich ihre sekundären und tertiären Geschlechtsmerkmale vorzuzeigen und hin- und herzuschwenken. Auch das ein Bild des Jammers, verstärkt noch durch die Tatsache, dass die Frauen ganz offensichtlich ihre Füße nicht vom Boden lösen können. Dafür sehe ich im Grunde nur zwei – gegensätzliche – Erklärungen; die eine ist zynisch und die andere feministisch: Die zynische Erklärung unterstellt, dass den Frauen nach ein paar Sekunden langweilig wurde und sie ihre Plätze verließen. Einwand der regieführenden Männer. «Bleibt mal stehen, da wo ihr seid.» – «Nein, wir wollen aber rübergehen.» – «Nein, ihr bleibt da gefälligst stehen!» – «Wie heißt das Zauberwort?» – «Bitte.» – «Nein, trotzdem nicht, wir gehen rüber zu den Jungs, Beuys gucken, da drüben spielt schließlich die Musik, außerdem sind wir selbstbestimmte, souveräne Frauen, wir können machen, was wir wollen! 7000 Jahre Patriarchat sind genug. Vergewaltiger, wir kriegen euch!»

Die Studiozeit geht zu Ende, es bleiben noch fünf Minuten. Und wieder ein rettender Einfall: Wir nageln die einfach fest, drehen den Clip, und dann rufen wir den Notarzt! Gesagt, getan. Dies die durchaus realistische, aber eben nicht schöne, ja frauenverachtende Erklärung. Ich neige eher der folgenden Interpretation zu: Die Frauen, wohl wissend, dass sie in klassischer Weise machistisch funktionalisiert sind, wissen gleichzeitig, dass sie weitaus mehr können, als nur Frauen zu sein; wissen auch, dass es für die Grünpflanzen nur einfach nicht gereicht hat, und entschließen sich, neben der Frauendarstellung auch noch Grünpflanzen darzustellen, und so wiegen sie sich wie bedrohte Fauna sanft im Studiowind. Dabei ist ihnen klar, dass sich Frauen von Grünpflanzen unter anderem dadurch unterscheiden, dass Letztere eben immobil sind, sich nicht fortbewegen können. Also gilt: Die

Füße fest am Boden lassen und oben semiweibliche, semi-
florale Bewegungen!

In der Mitte Joseph Beuys in klassischer Beuys-Ikono-
graphie: Stiefel, Jeans, Anglerweste, Filzhut, charismatische
Augen wie glühende Kohlestücke. Er steht freilich etwas
ungewöhnlich für einen Rocksänger, nämlich hinten. Ein
feiner Zug: Beuys, bescheiden, räumt den anderen (ihn kennt
man ja!) die Plätze weiter vorne ein. Für Sänger ist es aber

praktischer, vor der Band
zu stehen, so haben sie
nämlich Gelegenheit,
etwas von der Musik
mitzubekommen, ihre Ein-
sätze mit Hilfe der großen
Trommel oder des Basses
zu finden. Das ist hier nun
nicht der Fall – mit dem
Effekt, dass Musik und
Gesang nicht unbedingt

parallel, nicht direkt aufeinander bezogen sind. Der Gesang
geht seinen Weg, die Musik den ihren. Hin und wieder treffen sie sich: Moment höchster Schönheit! In der Regel aber
Reibung, Cluster-Bildung, Verschiebungen, kurz: irgendwie
Avantgarde! Darin dann aber doch dem politischen Anliegen
durchaus verpflichtet.
Und Beuys tut genau das, was er versprochen hat, nämlich
nicht singen zu können, hat darin aber ein sehr lehrreiches
künstlerisches Reflexionsproblem: Er weiß, dass er nicht
singen kann, singt aber trotzdem. Klar ist ihm, dass im Publikum, völlig zu Recht, der Eindruck entstehen muss, dass er
nicht singen kann. Er hätte es nun aber gern, dass das Publikum eben nicht nur den unmittelbaren Eindruck hat, dass er

nicht singen kann, sondern dass es dabei doch weiß, dass er selbst auch weiß, dass er nicht singen kann. Es ist ihm wichtig, zu wissen, dass das Publikum weiß, dass er selber weiß, dass er nicht singen kann. Und ist diese Stufe der geistigen Durchdringung erst einmal erreicht – was spräche eigentlich dagegen, einen Zustand zu erreichen, in dem er auch weiß, dass das Publikum weiß, dass er weiß, dass das Publikum weiß, dass er weiß, dass er nicht singen kann?! Und, so weit gekommen und die Menschen mitgenommen, was spräche eigentlich dagegen, darüber hinaus vielleicht einen Zustand zu erreichen, in dem er sogar weiß, dass ...

Wie viele Metaebenen Beuys in seinem kurzen Auftritt tatsächlich zu erzeugen vermag, soll hier nicht entschieden werden – klar ist: Eine außergewöhnliche Tiefe der Reflexion kann diesem kurzen, auf den ersten Blick banal und lächerlich erscheinenden Ausschnitt nicht abgesprochen werden. Beuys hat in seinem wissenden Nichtkönnen weitere Probleme: als Erstes den linken Arm. Für einen Bildhauer, Aktionisten, bildenden Künstler sind zwei Arme zweifelsohne praktisch, ein Sänger aber, der kein Instrument spielt, nur das Mikrophon zu halten hat, käme auch mit einem Arm aus. Eine faire Stellenausschreibung würde also einarmige Sänger bevorzugen, auch das weiß Beuys. Hätte er den blöden linken Arm doch bloß in der Garderobe gelassen, nun ist er aber gut sichtbar und live on stage dabei, muss also beschäftigt werden. So rudert dieser Arm, wie von ADHS befallen, herum, nestelt am Mikrophonkabel, bis er schließlich unauffällig in der linken Hosentasche verschwindet.

Selbst wenn Beuys das, was er tut, nicht kann, so weiß er doch wohl, wie es ginge. Ihm ist klar, dass diese Form von Musik eine durchaus rhythmische ist; er versucht also, zuerst dem Rhythmus mit seinem Oberkörper zu folgen – das aber sieht nicht nur nicht gekonnt, sondern auch nicht wissend aus! Und gerade diesen Eindruck sucht er ja zu vermeiden. Also setzt er klare, Rhythmuswissen anzeigende Signale, indem er den Rhythmus deutlich sichtbar mitschlägt – blöderweise mit dem Mikrophon. Das wiederum ist mit einem Kabel versehen, und jeder Konzertbesucher weiß, dass Kabelmikrophone in einem sich selbst als «heiß» begreifenden Konzert irgendwann einmal herumgeschleudert werden müssen. So wie es im Eiskunstlauf Pflichtfiguren gibt – doppelte oder dreifache Axel, Lutz, Flips, Rittberger –, so ist man als Sänger verpflichtet, den sogenannten Ventilator zu zeigen, das Mikrophon also kreisförmig vor sich herumwirbeln zu lassen. Das kann er, das macht er. Die Kunst nur besteht ebendarin, das Mikrophon wieder in der Hand zu haben, wenn weitergesungen werden muss. Wenn man es kann, kann man es. Beuys kann aber nicht. Der Text kommt näher, das Mikrophon aber kreist noch immer! Er hat jetzt nur die Möglichkeit, aus Kabellänge, Rotationsgeschwindigkeit, Gewicht und anderen Faktoren den Punkt zu berechnen, an dem er loslassen muss, um das Mikro souverän zu fangen. Das aber sind vermutlich Differentialgleichungen dritten Grades, und die löst man nicht im Kopf – man ist schließlich nicht Künstler geworden, um auf offner Bühne Rechenaufgaben zu lösen. Eine andere Möglichkeit wäre sicher, das Mikrophon auspendeln zu lassen, um es dann am Kabel langsam hochzuziehen – das sieht aber nicht gut aus, verbietet sich also ebenfalls. Beuys setzt nun alles auf eine Karte – gleich kommt wieder eine Strophe! –, lässt einfach los und – fängt! Er fängt nicht sicher, aber er hat gefangen; etwas unglücklich freilich. Wie einen Strauß weißglühender Metallblumen hält er das Mikro in den Händen und zeigt dabei kurz, für nur eine fünfundzwanzigstel Sekunde, einen Frame lang, einen Gesichtsausdruck, der erklärungsbedürftig, aber auch erklärungsfähig ist; lässt sich an ihm doch die Genese des Lachens erklären. Lachen ist ja in erster Linie Zähnefletschen, eine gängige Theorie sieht im Lachen eine sublimierte Gefahrenabwehr: Die Gefahr tritt ins Zimmer, man fletscht die Zähne, die Gefahr verschwindet daraufhin, und aus dem gefahrenabwehrenden Gesichtsausdruck wird ein befreites, lachendes Zähnefletschen. So weit diese Theorie, die aber schwer zu belegen ist. Es fehlt einfach das Zwischenglied zwischen den Polen Gefahrenabwehr und Lachen – das ist mit Ausgrabungen nicht zu machen, der Totenschädel grinst

immer. Aber hier, im Beuys'schen Gesichtsausdruck, haben wir das lang gesuchte «missing link» vor uns. Was in der Paläontologie der Archäopteryx ist, ein Zwischenwesen (kann noch nicht fliegen, aber schon nicht mehr laufen), ist dieses Zwischenfletschen im
Gesicht von Beuys. Ab da ist dann bei ihm kein Halten mehr, er macht noch, ohne Rücksicht auf mögliche Verluste, den sogenannten Hubschrauber.
Es wird abgeblendet.
Joseph Beuys.

BILDNACHWEIS

Deutsches Rundfunkarchiv (DRA)
Seiten: 17, 19, 39, 44, 46, 53, 56, 57, 68, 79, 88, 90, 123,
125, 128, 171, 178, 180

Bundesfilmarchiv (BFA)
Seite: 14

Sender Freies Berlin (SFB), heute RBB
Seiten: 22, 24, 25, 26, 75, 98, 100, 152, 154, 165, 166, 167,
168, 190, 192, 198, 200

Spiegel TV
Seiten: 210, 216, 217, 218

Zweites Deutsches Fernsehen (ZDF)
Seiten: 135, 136, 138, 139, 159, 184, 188

Hessischer Rundfunk (HR)
Seite: 28

Südwestfunk (SWF), heute SWR
Seiten: 114, 116

Süddeutscher Rundfunk (SDR), heute SWR
Seite: 144

Norddeutscher Rundfunk (NDR)
Seiten: 109, 175, 176

Westdeutscher Rundfunk (WDR)
Seiten: 225, 228, 230, 233

Schweizer Fernsehen (SF)
Seite: 105

VEB Pyrotechnik Silbermühle (Katalogabbildung)
Seite: 212

Gibt es intelligentes Leben?

Fassungslos steht Dieter Nuhr vor dem großen kosmischen Durcheinander des menschlichen Daseins und fragt sich: "Gibt es intelligentes Leben?" Er begibt sich auf Weltreise. An 15 abgelegenen Orten versucht er, eine Antwort zu finden - pointiert, bissig, satirisch.

rororo 62076

Dieter Nuhr:
Der Philosoph unter den Comedians

Wer's glaubt, wird selig

Der Glaube versetzt Berge, so sagt man. Dieter Nuhr ist an den Hinterausgang der Welt gereist: immer dem Glauben auf der Spur. Und er ist zu erschütternden Ergebnissen gekommen. Zwerchfellerschütternd!

rororo 62284

Nuhr unterwegs

Dieter Nuhr hat alle Kontinente bereist und unglaubliche Fotos mitgebracht, aus China und Chile, aus Birma und Bayern – nicht ohne ironische Kommentare, aber im Mittelpunkt stehen diesmal seine Bilder.

rororo 62358

S 82/1

Weitere Informationen in der Rowohlt Revue *oder unter* www.rororo.de

Vince Ebert

Denken Sie selbst!
Sonst tun es andere für Sie

Vince Ebert, der lustigste Physiker Deutschlands, klärt schonungslos auf. «Denken Sie selbst!» ist ein humorvolles Plädoyer für den eigenen Kopf. Dieses Buch ersetzt endlich nervige Halbbildung durch sympathisches Dreiviertelwissen.
rororo 62386

Humor von klugen Köpfen: Ansteckend lustig

Dr. med. Eckart von Hirschhausen
Glück kommt selten allein ...

Jeder ist seines Glückes Schmied. Und so sieht es auch aus: reichlich behämmert. Beim Zimmern unseres Glücks hauen wir uns oft genug mit dem Hammer auf den Daumen. Wenn aber Dr. Eckart von Hirschhausen humorvoll über das Glück schreibt, lässt der Schmerz nach.
978-3-498-02997-5

Die Leber wächst mit ihren Aufgaben

Arzt, Kabarettist und Bestsellerautor Dr. Eckart von Hirschhausen kennt sich aus im Leben. Mit diagnostischem Blick entdeckt er das Komische in Medizin und Alltag und kommt zu erstaunlichen Ergebnissen ...
rororo 62355

Weitere Informationen in der Rowohlt Revue *oder unter* www.rororo.de